RECUEIL

des

Dépêches Télégraphiques Officielles

Morlaix, Imprimerie de J. HASLÉ, rue d'Aiguillon, 8.

RECUEIL

DES

DÉPÊCHES TÉLÉGRAPHIQUES

OFFICIELLES

PUBLIÉES

PENDANT LA DURÉE DE LA GUERRE

1870-1871

MORLAIX

TYPOGRAPHIE DE J. HASLÉ, RUE D'AIGUILLON, 8.

—

1871

RECUEIL

DES

DÉPÊCHES TÉLÉGRAPHIQUES OFFICIELLES

PUBLIÉES

PENDANT LA DURÉE DE LA GUERRE

1870-1871

Paris, le 2 Août 1870, 6 heures du soir.

Monsieur le Ministre de l'Intérieur

A Messieurs les Préfets & Sous-Préfets

J'ai reçu du Secrétaire de l'Empereur la dépêche suivante :

« Metz, 2 Août, 4 heures soir.

« Aujourd'hui, 2 août, à 11 heures, les troupes françaises ont eu un sérieux engagement avec les troupes prussiennes. — Notre armée a pris l'offensive, franchi la frontière et envahi le territoire de la Prusse. — Malgré la force de la position ennemie, quelques-uns de nos bataillons ont suffi pour enlever les hauteurs qui dominent Saarbruck. Notre artillerie n'a pas tardé à chasser l'ennemi de la ville.

« L'élan de nos troupes a été si grand que nos pertes ont été légères.

« L'engagement, commencé à 11 heures, a été terminé à une heure.

1

« L'Empereur assistait aux opérations et le Prince impérial, qui l'accompagnait partout, a reçu, sur le premier champ de bataille de la campagne, le baptème de feu. Sa présence d'esprit, son sang froid dans le danger, ont été dignes du nom qu'il porte. »

***

Paris, le 5 Août 1870, 2 heures 30 m. du soir.

M. le Ministre de l'Intérieur

A Messieurs les Préfets & Sous-Préfets

Je reçois du Secrétaire de l'Empereur la dépêche suivante :

« Metz, 3 Août, midi.

« Veuillez communiquer la note suivante aux journaux de Paris :

« Hier, lorsque l'on a occupé les hauteurs de Saarbruck, une batterie de mitrailleuses a été mise en position en présence de l'Empereur et du Prince impérial. L'Empereur avait ordonné qu'on ne tirât que si cela devenait nécessaire. Les Prussiens, en effet, étant cachés dans les ravins ou des maisons, ou bien disséminés en tirailleurs, on ne pouvait se servir utilement de notre nouvelle artillerie ; mais bientôt on aperçut un peloton ennemi qui défilait sur le chemin de fer de la rive droite, à une distance de seize cents mètres. On dirigea dessus les mitrailleuses, et, en un clin d'œil, le groupe fut dispersé, laissant la moitié de ses hommes par terre. Un second peloton se hasarda de nouveau sur la même ligne et subit le même sort. Dès lors, personne n'osât plus passer sur le chemin de fer. — Les officiers d'artillerie français sont enthousiasmés des effets des mitrailleuses. — Parmi les prisonniers prussiens, se trouvent plusieurs volontaires d'un an. On sait qu'en Prusse ces militaires appartiennent à des classes aisées et s'engagent au service pour une année. Ils ont été très-discrets au sujet des questions qu'on leur a adressées, mais ils ont convenu de la supériorité du fusil français sur le fusil prussien. — D'un autre côté, le maréchal Bazaine a eu un engagement avec des tirailleurs ennemis ; plusieurs Prussiens ont été tués, aucun des nôtres n'a été blessé. »

***

Paris, le 5 Août 1870, 8 heures 25 du matin.

Le Ministre de l'Intérieur

A Messieurs les Préfets & Sous-Préfets

Trois régiments de la division du général Douay et une brigade de cavalerie légère ont été attaqués à Wissembourg par des forces très-considérables, massées dans les bois qui bordent la Lauter. Ces troupes ont résisté pendant plusieurs heures aux attaques de l'ennemi, puis se sont repliées sur le col du Pigeonnier qui commande la ligne de Bitsche.

Le général Douay, Abel, a été tué ; une de nos pièces de canon, dont les chevaux avaient été tués et l'affût brisé, est tombé au pouvoir de l'ennemi.

Le maréchal Mac-Mahon, concentre sur les lieux les forces sous son commandement.

**

5 Août, 4 heures 30 du soir.

Le maréchal Mac-Mahon occupe avec son corps d'armée une forte position.

On est en communication télégraphique avec tous les corps d'armée.

**

Paris, le 7 Août 1870, 7 heures 05 m. du soir.

Le Ministre de l'Intérieur

A Messieurs les Préfets, les Sous-Préfets & le Gouverneur général de l'Algérie.

« Metz, le 7 Août 1870, 5 heures 55 m. du soir.

« L'ennemi n'a pas poursuivi vivement le maréchal Mac-Mahon. Depuis hier soir il a cessé toute poursuite. — Le Maréchal concentre ses troupes.

« NAPOLÉON. »

Pour copie conforme :

CHEVANDIER DE VALDRÔME.

**

Paris, le 8 Août 1870, 9 heures du matin.

JOURNAL OFFICIEL.

Décret convocation Sénat et Corps législatif, mardi 9 août.

Décret appelant tous les citoyens valides de trente à quarante ans à faire partie de la Garde nationale sédentaire. La Garde nationale de Paris est affectée à la défense de la capitale et à la mise en défense des fortifications.

Un projet de loi sera présenté pour incorporer dans la Garde nationale mobile les citoyens âgés de moins de trente ans qui n'en font pas actuellement partie.

Rapport à l'Impératrice régente sur la défense de Paris et sur l'état des forces nouvelles devant être mises immédiatement à la disposition de l'Empereur.

⁎

Paris, le 8 Août 1870, 10 heures 10 m. du matin.

Je reçois la dépêche suivante ; publiez-la.

« Metz, 8 Août, 7 heures 50 m. du matin.

« L'armée se concentre pour marcher sur les Vosges et en défendre les passages. — La nuit a été calme, il n'y a pas eu d'engagement

« *Signé* : NAPOLÉON. »

Pour copie conforme :

CHEVANDIER DE VALDRÔME.

⁎

Paris, le 8 Août 1870, 5 heures du soir.

Le Ministre de l'Intérieur

A Messieurs les Préfets, Sous-Préfets et le Gouverneur général de l'Algérie.

« Metz, le 8 Août, 10 heures 20 m. du matin.

« Le général de Failly est en communication avec le maréchal Mac-Mahon. Le moral de nos troupes est excellent. — Il n'y a pas eu d'attaque depuis ma dépêche d'hier. — Dans la bataille de Freschwiller, 140,000 hommes ont attaqué le corps de Mac-Mahon, fort de 33,000 hommes.

« Du quartier général. »

« 8 Août, 4 heures.

« L'ennemi ne paraît pas avoir fait de mouvement; notre armée se concentre.

« Du quartier général. »

Pour copie conforme :

CHEVANDIER DE VALDRÔME.

*
* *

Paris, le 8 Août 1870, 7 heures du soir.

PARISIENS!

Notre armée se concentre et se prépare à un nouvel effort. Elle est pleine d'énergie et de confiance. S'agiter à Paris, ce serait combattre contre elle et affaiblir au moment décisif la force morale qui lui est nécessaire pour vaincre.

Nos ennemis y comptent. Voici ce qu'on a saisi sur un espion prussien amené au quartier général :

« Courage ! Paris se soulève, l'armée française sera prise
« entre deux feux. »

Nous préparons l'armement de la nation et la défense de Paris. Demain, le Corps législatif joindra son action à la nôtre.

Que tous les bons citoyens s'unissent pour empêcher les rassemblements et les manifestations.

Ceux qui sont pressés d'avoir des armes, n'ont qu'à se présenter aux bureaux de recrutement. Immédiatement il leur en sera donné de suite pour aller à la frontière.

Le 8 Août 1870.

Émile OLLIVIER, Duc DE GRAMONT, CHE-
VANDIER DE VALDRÔME, RIGAULT DE
GENOUILLY, Général DE JEAN, SEGRIS,
PLICHON, MÈGE, Maurice RICHARD,
DE PARIEU.

*
* *

Paris, le 8 Août 1870, 6 heures 40 m. du soir.

FRANÇAIS !

Nous avons dit toute la vérité. Maintenant à vous de faire votre devoir. Qu'un même cri sorte de toutes les poitrines d'un bout de la France à l'autre. Que le peuple entier se lève frémissant, dévoué, pour soutenir le grand combat !

Quelques-uns de nos régiments ont succombé sous le nombre, notre armée n'a pas été vaincue. Le même souffle intrépide l'anime toujours.

Soutenons-la ! A l'audace momentanément heureuse opposons la ténacité qui dompte le destin. Replions-nous sur nous-mêmes, et que nos envahisseurs se heurtent contre un rempart invincible de poitrines humaines. Comme en 1792 et comme à Sébastopol que nos revers ne soient que l'école de nos victoires.

Ce serait un crime de douter un instant du salut de la Patrie et surtout de ne pas y contribuer. Debout donc, debout !

Et vous, habitants du Centre, du Nord et du Midi, sur qui ne pèse pas le fardeau de la guerre, accourez d'un élan unanime au secours de vos frères de l'Est. Que la France, unie dans ses succès, se retrouve unie encore dans les épreuves, et que Dieu bénisse nos armes.

> Émile OLLIVIER, GRAMONT, CHEVANDIER DE VALDRÔME, SEGRIS, Général vicomte DE JEAN, Amiral RIGAULT DE GENOUILLY, MÈGE, PLICHON, LOUVET, Maurice RICHARD, DE PARIEU.

*
* *

Paris, le 8 Août, 1870, 11 heures 45 m. du soir.

Le Ministre de l'Intérieur

A Messieurs les Préfets, les Sous-Préfets & le Gouverneur général de l'Algérie.

« Metz, 8 Août, 10 heures 45 m. du soir.

« Le corps du général de Failly, qui n'a pas été engagé, rallie l'armée ; il n'a pas été inquiété.

« Le maréchal Mac-Mahon exécute les mouvements qui lui ont été prescrits.

« Il n'y a pas eu d'engagement dans la journée du 8.

« La proclamation des Ministres a été reçue avec enthousiasme.

« Correspondance du quartier général. »

⋆

Paris, le 9 Août 1870, 9 heures 3 m. du matin.

JOURNAL OFFICIEL,

Les départements compris dans les 1re, 3me, 4me et 7me divisions militaires territoriales et les départements de la Côte-d'Or, de Saône-et-Loire, de l'Ain et du Rhône sont déclarés en état de siége.

Paris est tranquille.

⋆

Metz, 9 Août, 8 heures 55 m. du matin.

L'armée est en grande partie concentrée en avant de Metz. — Le maréchal Bazaine a la direction des opérations. — Le corps du général Frossard se retire en bon ordre sur Metz. — La nuit a été calme. — L'Empereur vient de se rendre au quartier du maréchal Bazaine.

Correspondance du quartier général.

⋆

Paris, le 9 Août 1870, 1 heure 55 m. du soir.

Je vous transmets les dépêches du quartier au fur et à mesure que je les reçois : Les retards qu'elles éprouvent parfois proviennent de ce que les lignes télégraphiques sont encombrées pas les dépêches envoyées du Ministère de la guerre et de la marine.

Prévenez-en les populations.

⋆

Paris, le 9 Août 1870, 5 heures 50 m. du soir.

Le Ministre de l'Intérieur

A Messieurs les Préfets & Sous-Préfets.

DÉCLARATION DU GOUVERNEMENT AUX CHAMBRES

Messieurs,

L'Empereur vous a promis que l'Impératrice vous appellerait, si les circonstances devenaient difficiles. Nous n'avons pas voulu attendre pour vous réunir que la situation de la Patrie fût compromise, nous vous avons appelés aux premières difficultés.

Quelques corps de notre armée ont éprouvé des échecs, mais la plus grande partie n'a été ni vaincue ni même engagée. Celle qui a été repoussée, ne l'a été que par une force quatre ou cinq fois plus considérable, et elle a déployé dans le combat un héroïsme sublime qui lui vaudra une gloire au moins égale à celle des triomphateurs. Tous nos soldats qui ont combattu comme ceux qui attendent l'heure de combattre sont animés de la même confiance dans une revanche prochaine.

Aucune de nos défenses naturelles ou de nos forteresses n'est entre les mains de l'ennemi. Nos ressources immenses sont intactes. Au lieu de se laisser abattre par des revers, que cependant il n'attendait pas, le pays sent son courage grandir avec les épreuves.

Nous vous demandons de nous aider à soutenir et à augmenter le mouvement national et à organiser la levée en masse de tout ce qui est valide dans la nation.

Tout est préparé : Paris va être en état de défense et son approvisionnement est assuré pour longtemps ; la garde nationale sédentaire s'organise partout ; les régiments de Pompiers de Paris, les Douaniers sont réunis à l'armée active ; tous les hommes de l'inscription maritime qui ont plus de six ans de service sont rappelés ; nous abrégeons les formalités auxquelles sont assujettis les engagements volontaires ; nous comblons avec nos forces disponibles les vides de notre armée, et pour pouvoir les combler plus complètement, et pour pouvoir réunir une nouvelle armée de 450,000 hommes, nous vous proposons d'abord d'augmenter la Garde nationale mobile en y appelant tous les hommes non mariés de 25 à 30 ans, de nous accorder la possibilité d'incorporer la Garde mobile dans l'armée active.

et d'appeler sous les drapeaux tous les hommes disponibles de la classe 1870. Ne reculant devant aucun des devoirs que les évènements nous imposent, nous avons mis en état de siége Paris et les départements que l'ennemi menace.

Aux ressources dont ils disposent contre nous, les Prussiens espèrent ajouter celle qui naîtrait de nos discordes intestines, et ils considèrent le désordre de Paris comme leur valant une armée. Cette espérance impie sera détrompée. L'immense majorité de la ville de Paris conservera son attitude patriotique.

Quant à nous, nous ne ferons pas seulement appel à la Garde nationale courageuse et dévouée de Paris, nous appellerons à Paris la Garde nationale de la France entière, et nous défendrons l'ordre avec d'autant plus de fermeté d'âme que, en cette occasion surtout, l'ordre c'est le salut.

**

Paris, le 9 Août 1870, 4 heures du soir.

« Metz, 9 Août, 1 heure 32, soir.

« L'Empereur s'est rendu ce matin au quartier général du maréchal Bazaine qui prend le commandement des troupes réunies sous Metz. Le général de Caën a été placé à la tète du 5me corps; l'Empereur a reçu un accueil chaleureux de la population et de l'armée où éclatent les sentiments du plus énergique patriotisme. Tout le monde aspire avec ardeur à reprendre la lutte. Nos dispositions sont excellentes. Tous les corps sont en communication. Le maréchal Mac-Mahon a rallié la plus grande partie de son armée et se replie en bon ordre sur Nancy.

« Correspondance du quartier général. »

Pour copie conforme :

CHEVANDIER DE VALDRÔME.

**

Paris, 9 Août 1870, 7 heures 15, soir.

Le Ministère se retire; le général comte de Palikao chargé par l'Impératrice de former un cabinet.

**

Le Ministre de l'Intérieur

A Messieurs les Préfets, Sous-Préfets et le Gouverneur
d'Algérie.

Metz, le 9 Août 1870, 9 heures 25 m. du soir.

Il n'y a eu aucun engagement sur le front de l'armée du
maréchal Bazaine. On a exécuté quelques reconnaissances
de cavalerie qui ont donné des indications sur la position
de l'ennemi. Dans l'une d'elles, un escadron de hussards
s'est mesuré avec des uhlans prussiens. De notre côté il y
a eu un officier tué et un officier blessé. La reconnaissance
ennemie a été refoulée.

Correspondance du quartier général.

* *
*

Paris, le 10 Août 1870, 11 heures 5 m. du matin.

« Metz, 10 Août, 8 heures 40, matin.

« L'Empereur est allé visiter les cantonnements de l'armée. Depuis 48 heures, les approvisionnements affluent
sur tous les points de concentration. Le matériel de l'artillerie augmente chaque jour, les soldats sont reposés et
attendent le signal de l'action. Nous continuons à n'avoir
aucun détail officiel sur les affaires du 6.

« Correspondance du quartier général. »

Midi. — Paris est tranquille.

* *
*

Strasbourg, 10 Août, 9 heures 25, matin.

La journée et la nuit ont été calmes à Strasbourg; nous
avons continué à prendre toutes les mesures défensives
nécessaires.

* *
*

Paris, le 10 Août, 4 heures du soir.

LE NOUVEAU MINISTÈRE EST AINSI COMPOSÉ :

Guerre, comte DE PALIKAO.
Intérieur, Henri CHEVREAU.
Affaires étrangères, prince de la TOUR-D'AUVERGNE.
Finances, MAGNE.
Travaux publics, Jérôme DAVID.
Présidant le Conseil d'Etat, BUSSON-BILLAULT.
Agriculture et Commerce, Clément DUVERNOIS.
Marine, RIGAULT DE GENOUILLY.
Instruction publique, BRAME.
Justice, GRANDPERRET.

***

Paris, le 10 Août 1870, 5 heures 20 m. du soir.

Le Ministre de l'Intérieur

A Messieurs les Préfets et Sous-Préfets.

Le Corps législatif vient de voter à l'unanimité un projet de loi qui contient les dispositions suivantes :

1º Remercîments à l'armée, elle a bien mérité de la patrie ;

2º Tous les citoyens non mariés ou veufs sans enfants, ayant 25 ans accomplis et moins de 35 ans, qui ont satisfait à la loi de recrutement et ne figurent pas sur les contrôles de la Garde mobile, sont appelés sous les drapeaux pendant la durée de la guerre ;

3º 25 millions sont appliqués à venir en aide aux familles des citoyens compris dans cette catégorie ;

4º Les anciens militaires pourront s'engager ou remplacer jusqu'à l'âge de 45 ans ;

5º Les personnes valides de tout âge pourront contracter un engagement dans l'armée active ;

6º Le contingent de 1870 se compose de tous les jeunes gens inscrits sur les tableaux de recensement qui ne se trouveront dans aucun des cas d'exemption ou de dispense prévus par la loi modifiée du 21 mars 1832.

Suivent dispositions relatives aux formalités à suivre pour le tirage au sort et la formation du contingent de 1870.

Cette loi sera exécutée du jour de sa promulgation.

***

« Metz, 10 Août, 4 heures 50 m. du soir.

« Les détails manquent encore sur la bataille de Fresch-willer. Le maréchal Mac-Mahon y a eu un cheval tué sous lui. Une brigade de cavalerie de réserve et une division du corps du général de Failly, arrivées sur le champ de bataille à la fin de la journée, ont couvert la retraite. La poursuite de l'ennemi, très-éprouvé également, n'a été vive qu'au début : le Maréchal, après être resté 25 heures à cheval, a passé la journée du dimanche 7, à Saverne, qui a été occupé le soir par les Prussiens. On signale de loin en loin la présence de quelques coureurs ennemis, mais la pour-suite de l'arrière-garde du corps du maréchal Mac-Mahon ne paraît pas avoir été vive. Les chirurgiens qui donnent des secours à nos blessés portent tous le brassart blanc institué par la convention de Genève. Ils font preuve de la plus louable humanité. Jusqu'à aujourd'hui, 1 heure, point d'attaque à notre aile gauche. Nos forces arrivent, et les transports se font par les soins de la Compagnie de l'Est avec une grande régularité.

« Correspondance du quartier général. »

* *
*

« Metz, le 10 Août, 8 heures 30 m. du soir.

« La journée s'achève sans qu'il y ait eu d'engagement à signaler. Nous n'avons toujours aucun état de nos pertes dans les deux affaires du 6. Les populations de Metz et des pays voisins offrent à nos troupes le concours le plus pa-triotique.

« Correspondance du quartier général »

* *
*

Paris, le 10 Août 1870, 10 heures du soir.

Paris est parfaitement calme. La séance d'aujourd'hui au Corps législatif a été admirable de patriotisme. Des mesures énergiques sont prises pour l'armement immédiat de toutes les forces vives de la nation, prêtes à marcher à la frontière.

* *
*

« Metz, le 11 Août 1870, 8 heures 50 m. du matin.

« Pas d'engagement. Il a plu à torrents cette nuit. Le moral des troupes est admirable.

« Correspondance du quartier général. »

*
* *

Paris, le 12 Août 1870, 10 heures 55 m. du soir.

Le Ministre de l'Intérieur

A Messieurs les Préfets et Sous-Préfets.

« Metz, le 12 Août 1870, 4 heures du soir.

« L'état des pertes du 2me corps est expédié ce soir par la poste. Le maréchal Mac-Mahon pourra vous envoyer directement celui du 1er corps.

« Notre cavalerie a poussé ce matin une brillante reconnaissance sur la Nied. Les coureurs ennemis s'avancent très-loin, mais le gros des forces est en arrière.

« Correspondance du quartier général. »

*
* *

Paris, 9 heures 45 m. du soir.

Le Major-général a résigné ses fonctions, ainsi que le général Lebrun, premier aide-major-général. Quelques éclaireurs ennemis se sont portés à la gare de Frohard, ils ont été repoussés ; leur officier a été fait prisonnier.

Correspondance du quartier général.

*
* *

Paris, minuit 50 m.

Une dépêche annonce que les communications avec Strasbourg sont interrompues. Aux dernières nouvelles, les Prussiens se massaient autour de la ville.

*
* *

Paris, le 15 Août 1870. 9 heures 35 m. du matin.

JOURNAL OFFICIEL,

Loi relative au cours légal des billets de la Banque de France. — Loi sur la Garde nationale. — Décret : le maréchal Bazaine est nommé Commandant en chef des 2me, 3me et 4me corps d'armée. Sont nommés : le général Decaën, Commandant du 3me corps ; le général Trochu, Commandant en chef au 12me corps à Châlons, composé de plus de 35,000 hommes ; le général Vinoy, Commandant en chef du 13me corps à Paris. — Décret : ajournement de la session des Conseils généraux.

*
* *

Paris, le 15 Août 1870, 12 heures 20 m. du soir.

La correspondance du quartier général ne signale absolument rien de nouveau.

*
* *

Metz, le 14 Août 1870, 1 heure 40 du soir.

Hier, de fortes colonnes ennemies se sont présentées à quelque distance de nos campements. Ce matin, elles s'étaient éloignées. La voie ferrée est interceptée entre Frohard et Metz. Des compagnies de francs-tireurs marchent en grand nombre. Des approvisionnements considérables sont arrivés dans la place de Metz. Depuis deux jours, la pluie a cessé de tomber. Il n'y a rien à signaler que quelques engagements d'éclaireurs.

Correspondance du quartier général.

*
* *

Metz, le 14 Août 1870, 8 heures 10 m. du soir.

Préfet à Ministre Intérieur.

L'Empereur est parti aujourd'hui à deux heures avec le Prince impérial se dirigeant sur Verdun. Avant de quitter Metz, Sa Majesté a adressé la proclamation suivante :

« En vous quittant pour aller combattre l'invasion, je

confie à votre patriotisme la défense de cette grande cité. Vous ne permettrez pas que l'étranger s'empare de ce boulevard de la France et vous rivaliserez de dévouement et de courage avec l'armée.

« Je conserverai le souvenir reconnaissant de l'accueil que j'ai trouvé dans vos murs, et j'espère que, dans des temps plus heureux, je pourrai revenir vous remercier de votre noble conduite. »

Du quartier impérial, le 14 Août 1870.

*
* *

L'Empereur à l'Impératrice.

Longueville, le 14 Août 1870, 10 heures 10 m. du soir.

L'armée a commencé à passer sur la rive gauche de la Moselle.

Ce matin nos reconnaissances n'avaient signalé la présence d'aucun corps, mais lorsque la moitié de l'armée a eu passé, les Prussiens ont attaqué en grande force. Après une lutte de quatre heures, ils ont été repoussés avec de grandes pertes.

NAPOLÉON.

*
* *

Paris, le 18 Août 1870, 1 heure du matin.

Le Ministre de l'Intérieur

A Messieurs les Préfets et Sous-Préfets.

DÉPÊCHE DU MARÉCHAL BAZAINE.

17 Août, 4 heures du soir.

« Hier, pendant toute la journée, j'ai livré bataille à l'armée prussienne entre Doncourt et Vionville. L'ennemi a été repoussé et nous avons passé la nuit sur les positions conquises.

« J'arrête quelques heures mon mouvement pour remettre mes munitions au grand complet.

« Nous avons eu devant nous le prince Frédérick Charles et le général Steinmetz. »

Le Ministre de la Guerre,

Comte DE PALIKAO.

Pour copie conforme :

Le Ministre de l'Intérieur ,

Henri CHEVREAU.

***

Paris, le 18 Août 1870, 3 heures du matin.

Le Ministre de l'Intérieur

A Messieurs les Préfets et Sous-Préfets.

« Verdun, le 17 Août, 4 heures 50 du soir,

LE GÉNÉRAL COMMANDANT SUPÉRIEUR AU MINISTRE DE LA GUERRE, PARIS.

« Je reçois à l'instant de Briey la dépêche suivante :

« Bataille dure toujours du côté de Mars-Latour. Victoire paraît favorable. On amène à Briey grand nombre de blessés Français et Prussiens. D'un autre côté j'apprends par le commissaire de police de Briey qu'un corps de 1,200 hommes environ, artillerie et cavalerie, campe sur le plateau entre Buzy et Saint-Jean. Ce corps a détaché des coureurs qui sont entrés dans Briey.

« Des voyageurs sérieux revenant de Mars-Latour parlent d'un engagement considérable dans la journée d'hier avec un grand corps de l'armée prussienne qui aurait été rejeté sur la Moselle et chargé avec la plus grande vigueur par la cavalerie de la garde.

« On dit que les généraux Bataille et Frossard sont blessés. »

Le Ministre de la Guerre,

Comte DE PALIKAO.

Pour copie conforme :

Le Ministre de l'Intérieur ,

Henri CHEVREAU.

Ces renseignements ne provenant pas du Maréchal commandant en chef de l'armée sont donnés sous toutes réserves.

Paris, le 18 Août 1870, 3 heures du soir.

Le Ministre de l'Intérieur

A Messieurs les Préfets, les Sous-Préfets et le Gouver. neur général de l'Algérie.

Verdun, le 17 Août, 8 heures 5 m. du soir.

Le Maréchal, commandant en chef, au Ministre de l'Intérieur.

« Quartier général, 16 Août 1870.

« Ce matin vers neuf heures, les corps d'armée, commandés par le prince Frédérick Charles, ont dirigé une attaque très-vive sur la droite de notre position. La division de cavalerie du général Foreton et le 2me corps d'armée commandé par le général Frossard ont fait bonne contenance. Les corps échelonnés à droite et à gauche de Bezonville sont venus successivement prendre part à l'action, qui a duré jusqu'à la nuit tombante. L'ennemi avait déployé des forces considérables et a essayé à plusieurs reprises des retours offensifs qui ont été vigoureusement repoussés. A la fin de la journée un nouveau corps d'armée a cherché à déborder notre gauche.

« Nous avons partout maintenu nos positions et infligé à l'ennemi des pertes considérables. Les nôtres sont sérieuses. Le général Bataille a été blessé. Au plus fort de l'action, un régiment de uhlans a chargé l'état-major du Maréchal : 20 hommes de l'escorte ont été mis hors de combat ; le capitaine qui la commandait a été tué. A 8 heures du soir, l'ennemi était refoulé sur toute la ligne. On estime à 120 mille hommes le chiffre des troupes engagées. »

Pour copie conforme :

Le Ministre de l'Intérieur,

Henri CHEVREAU.

***

Quartier général, le 18 Août 1870, 5 heures du soir.

Dans l'affaire du 16, le corps du général L'Admirault formait l'extrême droite de l'armée. Un bataillon du 73me de ligne a détruit un régiment de lanciers prussiens et lui a enlevé son étendard. Il y a eu plusieurs charges de cavalerie très-brillantes. Dans l'une d'elles, le général Legrand a été tué en chargeant en tête de sa division. Le général Montaigu est disparu. Les généraux prussiens Toëring et Wedel ont été tués. Les généraux Grueter et Von Rauch sont blessés. Le prince Albert de Prusse, commandant la cavalerie, aurait été tué. A la chûte du jour, nous étions maître des positions précédemment occupées par l'ennemi.

Le lendemain 17, il y a eu près de Gravelotte quelques combats d'arrière-garde.

On peut estimer approximativement à 150,000 hommes les forces que l'ennemi avait engagées contre nous dans la journée du 16.

Nous n'avons pas encore l'état de nos pertes d'une manière exacte.

Correspondance du quartier général.

Le Ministre de l'Intérieur,

Henri CHEVREAU.

*
* *

Paris, le 9 Août 1870, 9 heures 53 m. du matin.

JOURNAL OFFICIEL :

Décret : Création d'une Commission du génie de la Garde mobile Haut-Rhin pour la défense de Belfort.

Circulaire Ministre de la guerre, pour l'appel des hommes des deuxièmes portions des contingents qui, sans avoir été définitivement appelés à l'activité, ont été exercés dans les dépôts d'instruction et qui avaient à la date du 10 août vingt-cinq ans accomplis et moins de trente-cinq ans.

*
* *

Paris, le 21 août 1870, 9 heures 50 du matin.

JOURNAL OFFICIEL.

Décret : Emprunt de 750 millions, par souscription publique, ouvert à partir du 23 août.

Décret : Comité de défense des fortifications de Paris composé :

Général TROCHU, *président;* — Maréchal VAILLANT ; Amiral RIGAULT DE GENOUILLY ; — Jérôme DAVID ; — Généraux CHABAUD LA TOUR ; — GUIOT ; — D'AUTEMARRE et SOUMAIN.

Décret : Création d'un régiment de marche de cavalerie de la Garde impériale.

⁎

Paris, le 20 août 1870, 6 heures 45 du soir.

Dans la séance de la Chambre de ce jour, le général comte de Palikao, pour répondre à la dépêche signée du Roi de Prusse et publiée par les journaux étrangers, qui attribue à son armée un grand avantage sur les troupes françaises dans la journée du 18, a fait connaître que d'après ses informations les trois corps d'armée prussiens réunis contre le maréchal Bazaine auraient été rejetés dans les carrières de Jaumont.

Pour copie conforme :

Le Ministre de l'Intérieur,

Henri CHEVREAU.

⁎

Paris, le 22 août 1870, 12 heures 20 du matin.

Le Gouvernement, n'ayant pas reçu des dépêches de l'armée du Rhin depuis 2 jours par suite de l'interruption des communications télégraphiques, a lieu de penser que le plan arrêté par le maréchal Bazaine n'a pas encore abouti.

La conduite héroïque de nos soldats à différentes reprises, en présence d'un ennemi très-supérieur en nombre, permet d'espérer la réussite d'opérations ultérieures.

Les coureurs de l'ennemi ont paru à St-Dizier.

Le Ministre de la Guerre,

Comte de PALIKAO.

Pour copie conforme :

Le Ministre de l'Intérieur,

Henri CHEVREAU.

Paris, le 23 août 1870, 8 heures 45 du soir.

JOURNAL OFFICIEL.

Décret autorisant les étrangers d'orgine Belge, domiciliés dans le département du Nord, à contracter un engagement volontaire pour la garde nationale mobile.

Décrets : Formation d'un cinquième bataillon dans le régiment étranger et de huit nouveaux régiments provisoires d'infanterie de la Garde nationale mobile, commandée par des lieutenants-colonels.

* * *

Paris, le 24 août 1870, 8 heures 45.

JOURNAL OFFICIEL.

Décret supprimant Ministère lettres, sciences, beaux-arts.

Décret : Augmentation du corps des équipages militaires.

Le montant des souscriptions connues hier, de Paris et des autres départements, dépasse 620 millions.

* * *

Paris, le 25 août 1870, 10 heures du matin.

JOURNAL OFFICIEL.

Le Ministre de l'Intérieur.

L'emprunt national de 750 millions et le supplément ont été couverts hier soir. Souscription close; le chiffre total des départements ne sera connu que dans la journée.
Renseignements sur la marche de l'ennemi.

Pour copie conforme :

Henri CHEVREAU.

* * *

Paris, le 22 août 1870, 6 heures 20 du soir.

Dans la séance de ce jour, le général comte de Palikao, a fait la déclaration suivante :

Messieurs les Députés,

Vous avez pu lire ce matin au *Journal Officiel* une note que le Gouvernement y a fait insérer.

Cette note était l'expression de la vérité ce matin, et nous l'avons publiée pour tenir la promesse que nous vous avons faite de vous dire toujours la vérité toute entière, quelqu'émotion que cela pût produire dans le public.

Depuis la publication de cette note, j'ai reçu des nouvelles du maréchal Bazaine, ces nouvelles sont bonnes. — Je ne puis pas vous les communiquer ici, vous le comprendrez bien, ces nouvelles sont du 19, du Maréchal lui-même.

Messieurs, ces nouvelles montrent de la part du Maréchal une confiance que je partage, connaissant sa valeur et son énergie.

Je puis ajouter, sans entrer dans plus de détails en ce qui concerne les faits de guerre, que la défense de Paris marche avec une grande activité et que bientôt nous serons prêts à recevoir quiconque se présentera devant nos murs.

Le Ministre de l'Intérieur,

Henri CHEVREAU.

* *
*

Paris, le 26 Août 1870, 8 heures du soir.

Le Ministre de l'Intérieur a annoncé à la tribune que le corps d'armée du Prince royal continuait sa marche sur Châlons et Troyes et que les mesures étaient prises par le Comité de défense pour la défense de Paris.

* *
*

Paris, le 27 août, 8 heures 50 du matin.

JOURNAL OFFICIEL.

Décret : Béhic, général Mellinet, sénateurs ; Thiers, Daru, Dupuy de Lome, de Talhouet, députés, nommés membres du Comité de défense des fortifications de Paris.

Décret : Opérations des conseils de révision, classe 1870 , commenceront le 5 septembre.

Décret : Création 6ᵐᵉ escadron régiment de cavalerie.

Blessés prussiens n'ont pas traversé et ne traverseront pas la Belgique et le Luxembourg.

★*★

Paris, le 27 Août 1870, 9 heures 30 m. du soir.

Par une dépèche arrivée aujourd'hui et datée du 25 août, le Sous-Préfet de Verdun informe le Ministre de l'Intérieur que cette ville a été réattaquée le 24 par un corps prussien de 8 à 10,000 hommes, commandé par le Prince de Saxe. — Après un combat très-vif de trois heures, pendant lequel plus de 300 obus ont été lancés contre la ville, les Prussiens, fort maltraités par notre artillerie, ont été repoussés sur toute la ligne.

Nos pièces servies en grande partie par la Garde nationale sédentaire ont causé de grands dommages à l'ennemi.

Nous avons eu 5 hommes tués, 3 gardes nationaux sédentaires, un mobile et un fantassin ; 12 blessés dont 4 grièvement.

L'ennemi a tiré sur l'ambulance de l'évêché qui a reçu 17 projectiles.

La population a été admirable de patriotisme et de mâle énergie.

★*★

Paris, le 29 Août 1870, 8 heures 55 m. du matin.

JOURNAL OFFICIEL.

Décret : Agents, gardes domaniaux, communaux, forêts, mis à disposition du Ministre de la guerre.

Décret : Formation 21 nouveaux régiments Garde mobile.

Ordonnance Gouverneur Paris, concernant individus non naturalisés appartenant à pays en guerre avec France.

Emprunt national ouvert 23, fermé 24 août, 807,307,000 francs.

Formation d'un Comité députés départements envahis ou menacés.

Préfecture Seine : Invitation habitants se pourvoir denrées alimentaires et à personnes hors d'état faire face à ennemi s'éloigner de Paris.

*
* *

Paris, le 30 Août 1870, 11 heures 16 m. du soir.

La marche de l'ennemi sur Paris paraît arrêtée.

Le maréchal Mac-Mahon continue son mouvement ; il n'y a pas eu d'engagements sérieux.

*
* *

Paris, le 31 Août 1870, 8 heures 35 m. du matin.

JOURNAL OFFICIEL.

Promulgation loi relative aux forces militaires pendant la guerre.

Décret : Formation du 38me régiment Seine-et-Marne.

*
* *

Paris, le 1er Septembre 1870, 10 heures 10 m. du matin.

JOURNAL OFFICIEL.

Loi concernant marchandises déposées magasins généraux.

Décret : Général de la Motte-Rouge, député, nommé commandant supérieur Garde nationale du département de la Seine.

Décret : Agents, gardes-forêts, domaine couronne mis à la disposition du Ministre de la guerre.

Ministre France à Washington dément bruit expédition dirigée contre ports français.

Magasins des dépôts facultatifs ville de Paris ne pourront plus recevoir bétail à dater du 3 septembre 1870.

Les personnes qui voudront faire entrer à Paris des animaux vivants, devront se procurer locaux dans propriétés particulières.

*
* *

Paris, 3 Septembre 1870, 10 heures 25 m. du soir.

Le Ministre de l'Intérieur

A MM. les Préfets, les Sous-Préfets et les Généraux commandant divisions et subdivisions et au Gouverneur général de l'Alégrie.

FRANÇAIS,

Un grand malheur frappe la Patrie. Après trois jours de luttes héroïques soutenues par l'armée du maréchal Mac-Mahon contre 300,000 ennemis, 40,000 hommes ont été faits prisonniers. Le général de Wimpfen, qui avait pris le commandement de l'armée en remplacement du maréchal Mac-Mahon grièvement blessé, a signé une capitulation.

Ce cruel revers n'ébranle pas notre courage. Paris est aujourd'hui en état de défense, les forces militaires du pays s'organisent ; avant peu de jours une armée nouvelle sera sous les murs de Paris ; une autre armée se forme sur les rives de la Loire. Votre patriotisme, votre union, votre énergie sauveront la France.

L'Empereur a été fait prisonnier dans la lutte.

Le Gouvernement, d'accord avec les pouvoirs publics, prend toutes les mesures que comporte la gravité des évènements.

Le Conseil des Ministres : Général comte de PALIKAO, Ministre de la guerre ; Henri CHEVREAU, Ministre de l'intérieur ; Amiral RIGAULT DE GENOUILLY, Ministre de la marine ; GRANDPERRET, Garde des sceaux, Ministre de la justice ; P. MAGNE, Ministre des finances ; Baron Jérôme DAVID, Ministre des travaux publics ; Prince de la TOUR-D'AUVERGNE, Ministre des affaires étrangères ; J. BRAME, Ministre de l'instruction publique ; Clément DUVERNOIS, Ministre de l'agriculture et du commerce ; BUSSON-BILLAULT, Ministre, présidant le Conseil d'Etat.

Le Ministre de l'Intérieur,

Henri CHEVREAU.

Paris, le 4 Septembre 1870, 1 heure 45 m. du soir.

L'Empereur ayant été fait prisonnier, a déclaré au Roi de Prusse que ne commandant pas l'armée et qu'ayant donné à la Régence la direction des affaires, il ne rendait que sa personne seule.

⁎

Paris, le 4 Septembre 1870, 6 heures du soir.

RÉPUBLIQUE FRANÇAISE.

MINISTÈRE DE L'INTÉRIEUR,

La déchéance a été proclamée au Corps législatif; la République a été proclamée à l'Hôtel-de-Ville.

Un Gouvernement de défense nationale, composé de onze membres, tous députés de Paris, et ratifié par l'acclamation populaire,

LES NOMS SONT :

ARAGO, Emmanuel, CRÉMIEUX, Jules FAVRE, FERRY, GAMBETTA, GARNIER-PAGÈS, GLAIS-BIZOIN, PELLETAN, PICARD, ROCHEFORT, SIMON, Jules.

Le général Trochu est à la fois maintenu dans ses pouvoirs de Gouverneur de Paris et nommé Ministre de la guerre en remplacement du général comte de Palikao.

Pour le Gouvernement de défense nationale :

Le Ministre de l'Intérieur,

Léon GAMBETTA.

⁎

Paris, 4 Septembre 1870, 6 heures 30 m. du soir.

La dynastie impériale a cessé d'exister. La population de Paris a prononcé sa déchéance et proclame la République :

un Gouvernement national de défense composé des députés, élus à Paris, dont les noms suivent, a été installé.

ARAGO, CRÉMIEUX, Jules FAVRE, Jules FERRY, GAMBETTA, GARNIER-PAGÈS, GLAIS-BIZOIN, PICARD, PELLETAN, ROCHEFORT, SIMON.

* * *

Paris, le 4 Septembre 1870, 8 heures du soir.

Paris est debout, le nouveau Gouvernement est acclamé : partout enthousiasme ; pas le moindre désordre.

Le général Trochu est nommé Ministre de la guerre.

Gambetta, Ministre de l'intérieur.

Crémieux, Ministre de la justice.

Jules Simon, Ministre de l'instruction publique.

De Kératry, est nommé Préfet de police.

Etienne Arago, Maire de Paris.

* * *

Paris, le 4 septembre 1870. 4 heures 22 et 30.

Le général Trochu, gouverneur de Paris, a été nommé membre du Gouvernement de défense nationale installé à l'Hôtel-de-Ville.

Il prend le portefeuille de la guerre et ses collègues lui ont décerné la présidence.

* * *

Paris, le 6 septembre 1870, 10 heures 50 du matin.

NOUVELLES DE LA GUERRE.

L'ennemi se rapproche de plus en plus de Paris.

Nos troupes se replient vers la capitale.

Le Gouvernement et la population déploient une égale activité pour préparer la résistance.

L'élection des officiers de la Garde nationale se continue.

Les armes sont distribuées au fur et à mesure de la formation des cadres.

Sur toute l'étendue du territoire, la République a été acclamée avec enthousiasme.

Paris, le 6 septembre 1870, 9 heures 52 du matin.

Voici la proclamation adressée à l'armée par le Gouvernement et que le *Journal officiel* publie ce matin.

A L'ARMÉE,

Quand un général a compromis son commandement, on le lui enlève; quand un gouvernement a mis en péril par ses fautes le salut de la patrie, on le destitue. — C'est ce que la France vient de faire.

En abolissant la dynastie qui est responsable de nos malheurs, elle a accompli d'abord à la face du monde un grand acte de justice, elle a exécuté l'arrêt que toutes vos consciences avaient rendu. — Elle a fait en même temps un acte de salut.

Pour se sauver, la nation avait besoin de ne plus relever que d'elle-même et de ne compter désormais que sur deux choses : sa résolution qui est invincible; votre héroïsme qui n'a pas d'égal, et qui, au milieu de revers immérités, fait l'étonnement du monde.

SOLDATS,

En acceptant le pouvoir dans la crise formidable que nous traversons, nous n'avons pas fait œuvre de parti : nous ne sommes pas au pouvoir, mais au combat. Nous ne sommes pas le gouvernement d'un parti, nous sommes le gouvernement de la défense nationale.

Nous n'avons qu'un but, qu'une volonté, le salut de la patrie par l'armée et par la nation groupées autour du glorieux symbole qui fit reculer l'Europe il y a quatre-vingts ans. Aujourd'hui, comme alors, le nom de République veut dire union intime de l'armée et du peuple pour la défense de la patrie.

Général TROCHU. — Emmanuel ARAGO. — CRÉMIEUX. — Jules FAVRE. — Jules FERRY. — GAMBETTA. — GARNIER-PAGÈS. GLAIS-BIZOIN. — PELLETAN. — E. PICARD. — ROCHEFORT. — Jules SIMON.

***

Paris, le 7 septembre 1870, 10 heures 45 du matin.

Circulaire adressée aux Agents diplomatiques de France par le Vice-Président du Gouvernement de la défense nationale, Ministre des affaires étrangères.

MONSIEUR ,

Les évènements qui viennent de s'accomplir à Paris s'expliquent si bien par la logique inexorable des faits, qu'il est inutile d'insister longuement sur leur sens et leur portée.

En cédant à un élan irrésistible trop longtemps contenu, la population de Paris a obéi à une nécessité supérieure, celle de son propre salut ; elle n'a pas voulu périr avec le pouvoir criminel qui conduisait la France à sa perte. — Elle n'a pas prononcé la déchéance de Napoléon III et de sa dynastie, — elle l'a enregistrée au nom du droit de la Justice, et du salut public. Et, cette sentence était si bien ratifiée à l'avance par la conscience de tous, que nul, parmi les défenseurs les plus bruyants du pouvoir qui tombait, ne s'est levé pour le soutenir. Il s'est effondré de lui-même sous le poids de ses fautes, aux acclamations d'un peuple immense, sans qu'une goutte de sang ait été versée, sans qu'une personne ait été privée de sa liberté. — Et l'on a pu voir, chose inouïe dans l'histoire, —les citoyens auxquels le cri du peuple conférait le mandat périlleux de combattre et de vaincre, ne pas songer un instant aux adversaires qui la veille les menaçaient d'exécution militaire. — C'est en refusant l'honneur d'une répression quelconque qu'ils ont constaté leur aveuglement et leur impuissance. — L'ordre n'a pas été troublé un seul moment. Notre confiance dans la sagesse et le patriotisme de la garde nationale et de la population tout entière nous permet d'affirmer qu'il ne le sera pas.

Délivré de la honte et du péril d'un gouvernement traître à tous ses devoirs, chacun comprend que le premier acte de cette souveraineté nationale enfin reconquise est de se commander à soi-même et de chercher sa force dans le respect du droit.

D'ailleurs, le temps presse. L'ennemi est à nos portes. Nous n'avons qu'une pensée : le repousser hors de notre territoire.

Mais cette obligation que nous acceptons résolument, ce

n'est pas nous qui l'avons imposée à la France ; elle ne la subirait pas, si notre voix avait été écoutée. Nous avons défendu énergiquement, au prix même de notre popularité, la politique de la paix ; nous y persévérons avec une conviction de plus en plus profonde. — Notre cœur se brise au spectacle de ces massacres humains dans lesquels disparait la fleur des deux nations, qui avec un peu de bon sens et beaucoup de liberté on aurait préservées de ces effroyables catastrophes. — Nous n'avons pas d'expression qui puisse peindre notre admiration pour notre héroïque armée sacrifiée par l'impéritie du commandement suprême, et cependant plus grande par ses défaites que par les plus brillantes victoires. Car, malgré la connaissance des fautes qui la compromettaient, elle s'est immolée sublime devant une mort certaine, en rachetant l'honneur de la France des souillures de son gouvernement. HONNEUR A ELLE ! La nation lui ouvre ses bras ! — Le pouvoir impérial a voulu les diviser, les malheurs et le devoir les confondent dans une solennelle étreinte scellée par le patriotisme et la liberté. — Cette alliance nous fait invincibles. Prêts à tout, nous envisageons avec calme la situation qui nous est faite. — Cette situation je la précise en quelques mots, je la soumets au jugement de mon pays et de l'Europe.

Nous avons hautement condamné la guerre, et, protestant de notre respect pour le droit des peuples, nous avons demandé qu'on laissât l'Allemagne maîtresse de ses destinées. Nous voulions que la liberté fût à la fois notre lien commun et notre commun bouclier ; nous étions convaincus que ces forces morales assuraient à jamais le maintien de la paix. Mais comme sanction, nous réclamions une arme pour chaque citoyen, une organisation civique, des chefs élus : alors nous demeurions inexpugnables sur notre sol.

Le Gouvernement impérial, qui avait depuis longtemps séparé ses intérêts de ceux du pays, a repoussé cette politique. Nous la reprenons avec espoir qu'instruite par l'expérience, la France aura la sagesse de la pratiquer.

De son côté le Roi de Prusse a déclaré qu'il faisait la guerre, non à la France, mais à la dynastie impériale. La dynastie est à terre ; la France libre se lève. — Le Roi de Prusse veut-il continuer une lutte impie qui lui sera au moins aussi fatale qu'à nous ? Veut-il donner au monde du XIXme siècle ce cruel spectacle de deux nations qui s'entre-détruisent, et qui oublieuses de l'humanité, de la raison, de la science, accumulent les ruines et les cadavres ? Libre à lui qu'il assume cette responsabilité devant le monde et devant l'histoire! Si c'est un défi, nous l'acceptons. Nous ne céderons ni un pouce de notre territoire, ni une pierre de nos forteresses. Une paix honteuse serait une guerre d'extermination à courte échéance; nous ne traiterons que pour une paix durable. Ici, notre intérèt est celui de l'Europe entière, et nous avons lieu d'espérer que dégagée de toute préoccupation dynastique, la question se posera ainsi dans les chancelleries. — Mais, fussions-nous seuls, nous ne faiblirons pas. — Nous avons une armée résolue, des forts bien pourvus, une enceinte bien établie; mais surtout les poitrines de 300,000 combattants décidés à tenir jusqu'au dernier. — Quand ils vont pieusement déposer des couronnes aux pieds de la statue de Strasbourg, ils n'obéissent pas seulement à un sentiment d'admiration enthousiaste, ils prennent leur héroïque mot d'ordre, ils jurent d'être dignes de leurs frères d'Alsace et de mourir comme eux. Après les forts, après les remparts, les barricades; Paris peut tenir 3 mois et vaincre. — S'il succombait, la France, debout à son appel, le vengerait. Elle continuerait la lutte et l'aggresseur y périrait.

Voilà, Monsieur, ce que l'Europe doit savoir. — Nous n'avons pas accepté le pouvoir dans un autre but. Nous ne le conserverions pas une minute, si nous ne trouvions pas la population de Paris et la France entière décidées à partager nos résolutions. — Je le résume d'un mot. Devant Dieu qui nous entend, devant la postérité qui nous jugera, nous ne voulons que la paix. Mais si l'on continue contre nous une guerre funeste, que nous avons condamée, nous ferons notre devoir jusqu'au bout; et j'ai la ferme confiance que notre cause, qui est celle du droit et de la justice, finira par triompher. — C'est en ce sens que je vous invite à expliquer la situation à M. le Ministre de la Cour près de laquelle vous êtes accrédité et entre les mains duquel vous laisserez copie de ce document.

Agréez, Monsieur, l'expression de ma haute considération.

Le Ministre des affaires étrangères,

Signé : Jules FAVRE.

***

Paris, le 7 septembre 1870, 10 heures 52 du matin.

Nous apprenons que sur quelques points du territoire la Société Française de secours aux blessés faisant partie de l'internationale a été entravée dans sa marche pour porter en tous lieux à nos soldats les soins qu'exige leur état. — Il importe que les soulagements puissent être prodigués, partout où elles se trouvent, à celles des victimes de nos champs de bataille que la marche des armées tient éloignées ou dispersées. — En conséquence, veuillez donner avis utiles à tous les citoyens pour qu'ils aient à faciliter et favoriser par tous moyens la circulation des médecins, infirmiers, et autres délégués de la Société et informez-les que les membres auxilliaires de la Société, protégés qu'ils sont par la convention internationale de Genève, ont le devoir de traverser toutes les lignes armées des belligérants pour accomplir leur mission humanitaire. C'est grâce à cette convention que nos blessés peuvent être secourus, même sur le sol occupé par des troupes ennemies.

Le présent avis sera affiché et maintenu affiché pendant toute la durée de la guerre, aux portes des Mairies de toutes les communes dans la République française.

⁕⁕

Paris, le 7 septembre 1870, 12 heures 30 du soir.

NOUVELLES DE LA GUERRE.

Les autorités du département de l'Aube font connaître qu'il n'y a point de Prussiens dans ces parages. C'est à Crépy (Oise), que l'ennemi a été vu.

Les dispositions des populations sous le coup de l'invasion sont excellentes.

A Paris le comité de défense fonctionne constamment.

NOUVELLES DE L'INTÉRIEUR.

La République a été acclamée partout.

A Paris la confiance de la population est entière; on a acquis la certitude qu'il y a des armes pour tout le monde et la circulaire du Ministre des affaires étrangères a produit le plus grand effet.

⁕⁕

Paris, le 8 Septembre 1870, 2 heures du soir.

L'ennemi avance sur Paris en trois corps d'armée ; l'un est arrivé à Soissons dans le département de l'Aisne. L'avant-garde de ce corps a sommé Laon qui a fermé ses portes et résiste.

L'interruption des communications télégraphiques avec Epernay et Château-Thierry fait croire que l'ennemi est sur ces deux points.

Communications subsistent avec Epinal, Mézières, Mulhouse.

On n'a aucune nouvelle du maréchal Bazaine.

Le bruit de la mort de Mac-Mahon n'est pas officiellement confirmé.

A Paris ordre parfait; les habitants ont accueilli avec de vives démonstrations de confiance l'assurance donnée par le gouvernement que les approvisionnements étaient largement suffisants pour deux mois.

Le Préfet du Rhône mande que l'accord s'est établi entre lui et le comité qui avait d'abord pris la direction des affaires; ordre parfait.

M. Esquiros, arrivé à Marseille, est acclamé. Les opérations de révision se poursuivent dans tous les départements activement et avec ordre. La garde mobile demande à marcher ; plusieurs bataillons sont à Paris ou en marche.

*
* *

Paris, le 9 Septembre 1870, 7 heures 30 m. du soir.

L'esprit de la population de Paris se fortifie de jour en jour dans l'idée d'une résistance énergique. Sous ce rapport, il y a unanimité attestée aussi bien par la presse que par les orateurs des réunions populaires qui se tiennent chaque soir dans le plus grand ordre et roulent exclusivement sur la question de défense.

D'un autre côté, la ferme résolution du Gouvernement, son mâle langage, soutiennent tous les courages.

La Garde mobile des départements arrive. Casernée d'abord chez l'habitant, elle s'inspire du sentiment public et saura faire son devoir. La confiance est générale. La solde de la Garde mobile à Paris est élevée à 1 fr. 50 cent.

Nouvelles Militaires :

Le Préfet de l'Aube mande que les Prussiens ont passé hier à Vitry, au nombre de 3,000 environ. Leurs éclaireurs ont fait de fortes réquisitions sur les communes voisines. Ils ne s'écartent pas notablement de la route de Paris. Jusqu'à présent, ils n'ont pas pénétré dans l'Aube. Le commandant de la place de Langres informe que les Mobiles ont pris 100 Prussiens, des armes et des chevaux.

***

Paris, le 10 Septembre 1870, 6 heures 11 m. du soir.

De l'ensemble des renseignements militaires, il paraît résulter que les avant-gardes de l'armée prussienne, en marche sur Paris, arrivent par le Nord et ils sont proches de Compiègne et Coulommiers. A mesure que les Prussiens s'approchent, on sent grandir la résolution des habitants de Paris. L'union est faite entre tous les partis. Toutes les volontés, toutes les activités sont consacrées à la formation, à l'armement, à l'exercice des bataillons de la Garde nationale. Les Mobiles affluent. Ils sont salués par des acclamations unanimes.

Les mesures les plus énergiques sont en voie d'exécution aux approches de la capitale.

***

Paris, le 11 Septembre 1870, 9 heures 45 m. du soir.

Le mouvement de l'ennemi, annoncé par la dépêche d'hier, s'accuse de plus en plus.

L'ennemi a envahi le département de Seine-et-Marne; toutes les résolutions du Gouvernement portant à une résistance énergique sont accueillies par l'opinion parisienne avec une confiante satisfaction.

Paris a l'aspect d'un immense camp. Les Mobiles des départements affluent; l'accueil qui leur a été fait partout les a vivement touchés. La tranquillité publique est parfaite.

***

Paris, le 12 Septembre 1870, 9 heures 3 m. du soir.

La résolution prise par le Gouvernement de demeurer à Paris pendant le siége, a produit le meilleur effet. Le général Trochu, président du Gouvernement de défense nationale, passera demain une revue générale des cent soixante bataillons de la Garde nationale sédentaire de Paris. Les forts sont complètement armés. Les exercices des Gardes mobiles continuent et tout le monde se fortifie dans l'idée de la résistance la plus acharnée. Les dernières nouvelles de la guerre signalent l'entrée des Prussiens à Nogent-sur-Seine. Dans la matinée du 10, l'ennemi a essayé de forcer la place de Toul; il a été repoussé et toutes ses batteries ont été démontées.

Le Commandant de la place de Soissons, sommé de se rendre par des uhlans, a énergiquement refusé.

*
* *

Paris, le 13 Septembre 1870, 10 heures 45 m. du soir.

Les têtes de colonne de l'ennemi sont signalées à Chauny, Compiègne et Provins; les ponts de Creil et de Corbeil ont été détruits par les Cies du Nord et de Lyon. La revue de la Garde nationale sédentaire de la Seine et des troupes de la Garde mobile des départements appelées à Paris a eu lieu aujourd'hui à midi. Plus de trois cent mille hommes étaient rangés de la Bastille à l'Arc de l'Etoile.

Le général Trochu, Président du Gouvernement de la défense nationale, accompagné seulement du Ministre de la guerre, du Commandant supérieur des Gardes nationales et de quelques officiers a passé sur le front des troupes. Il a été salué sur tout son parcours par les cris de : Vive la France ! Vive la République! Vive le général Trochu! Sur un très-grand nombre de points les chants de *la Marseillaise* et *du Départ* se faisaient entendre. Les Gardes nationaux et les mobiles fraternisaient ensemble et se renvoyaient leurs acclamations. Tous les visages avaient un air de résolution qui promet à Paris de vigoureux défenseurs. Tout s'est passé dans le plus grand ordre. A 2 heures, les troupes regagnaient leurs quartiers. L'impression générale ne laisse rien à désirer. Cette grande revue n'était pas une fête mais plutôt une véritable opération militaire.

*
* *

Paris, le 14 Septembre, 10 heures 40 du soir.

Rien de nouveau à Paris. — L'ordre du jour adressé par le général Trochu, aux Gardes nationales sédentaires et mobiles, affiché ce soir dans Paris, atteste le plus grand effet de la revue d'hier. L'esprit de la population est excellent et tout le monde est disposé aux plus grands sacrifices ; on a désormais la conviction que Paris soutenu par la France organisée restera imprenable. — Les éclaireurs prussiens se sont présentés à 2 heures à Nogent-sur-Seine, ils ont reculé devant l'attitude énergique de la population. Vers la même heure, ils se sont présentés à Normant et Nangis ; des troupes ennemies sont campées aux environs de la Croix au bois Gaston et de Clos-Fontaine.

***

Paris, le 16 Septembre, 1 heure 28 du matin.

Les avant-postes prussiens ont paru à Joinville-le-Pont, à Alfort et à Melun.

De tous les points de la France arrivent d'éclatants témoignages de l'esprit de sacrifices qui anime la nation.

Les villes et les départements votent des subsides pour achat d'armes.

***

Paris, le 17 Septembre, 1 heure du matin.

Le mouvement des corps d'armée prussiens autour de Paris semble se dessiner très-nettement. Leurs têtes de colonne envahissent tout le côté de l'est de la capitale, depuis le chemin de fer du Nord qui est coupé à Pontoise jusqu'au chemin de fer d'Orléans que l'ennemi a détruit à Juvisy.

La Garde nationale mobile, la Garde nationale et l'armée se montrent pleines de confiance.

La résolution de la population parisienne est admirable.

Vous lirez demain dans le *Journal officiel* les lois suivantes :

1° Une loi qui appelle les électeurs à renouveler le 25 de ce mois les municipalités et qui donne aux conseils municipaux l'élection des maires et des adjoints.

2º Une loi qui fixe les élections pour l'Assemblée constituante au 2 octobre.

3º Une loi qui ordonne l'élection des officiers de la Garde nationale mobile d'après les règles suivies pour l'élection pour les officiers de la Garde nationale sédentaire de Paris. Vous trouverez également dans le *Journal officiel* une note qui établit nettement qu'il n'y a aucune sorte de relation officieuse ou semi-officieuse entre l'*élection libre* et aucun membre du gouvernement.

*
* *

Tours, le 22 Septembre 1870, 8 heures 10 du matin.

La garnison de Strasbourg a fait une sortie dans la nuit du 13 au 14, les tranchées ont été surprises. — Le 3ᵐᵉ de de ligne badois et un régiment wurtembergeois ont été abimés. — Dans la nuit du 17 au 18, assaut repoussé avec pertes énormes des assiégeants.

République proclamée à Strasbourg, enthousiasme.

*
* *

Tours, le 23 Septembre, 1 heure 05 du soir.

LE GOUVERNEMENT DE LA DÉFENSE NATIONALE

AUX ÉLECTEURS.

En vous appelant ainsi à la hâte dans vos comices, le Gouvernement de la défense nationale a voulu vous mettre en possession de l'exercice de la première de vos libertés, si audacieusement violées pendant dix-huit ans par tous les agents serviles d'un pouvoir dont le chef, après s'être lâchement livré, a non moins lâchement livré notre brave armée aux Prussiens, nous laissant en face d'ennemis acharnés à la ruine de notre pays.

Autrefois, l'élection des conseils municipaux pouvait se faire par considération d'intérêt purement local, mais, dans les circonstances actuelles, il est impossible qu'elle n'ait pas un caractère politique.

Ces élections seront la première signification faite à l'ennemi que, mettant de côté toutes les opinions chères à chacun, nous nous donnons fraternellement la main pour conserver la seule forme de gouvernement qui nous donne la force de le chasser.

En 1848, M. Thiers disait à l'Assemblée législative avec l'accent d'une profonde vérité : Conservons la République, c'est le gouvernement qui nous divise le moins, aujourd'hui nous disons tous : Conservons la République, c'est le seul gouvernement qui nous unisse devant l'étranger qui souille et dévaste notre sol.

Quel est en effet le prétendant qui oserait s'asseoir actuellement sur un trône dont la chûte a été si rapide et si ignominieuse ! Pour tout homme de bonne foi, ne serait-ce pas la guerre civile, c'est-à-dire la patrie livrée à l'étranger?...

Républicains de la veille, Républicains du lendemain par la force des choses ; amis des dynasties déchues, unissons-nous donc pour rappeler au sein des conseils municipaux les plus éclairés, les plus indépendants et les plus résolus à maintenir la République, gage à la fois d'union entre tous et de la délivrance de notre pays.

Signé : CRÉMIEUX, — GLAIS-BIZOIN, — Amiral FOURRICHON.

**
* *

Tours, le 24 Septembre, 12 heures du soir.

A LA FRANCE,

Avant l'investissement de Paris, M. Jules Favre, ministre des affaires étrangères, a voulu voir M. de Bismark, pour connaître les dispositions de l'ennemi.

Voïci la déclaration de l'ennemi :

La Prusse veut continuer la guerre et réduire la France à l'état de puissance de second ordre. La Prusse veut l'Alsace et la Lorraine jusqu'à Metz, par droit de conquête.

La Prusse, pour consentir à un armistice a osé demander la reddition de Strasbourg, de Toul et du Mont-Valérien.

Paris exaspéré s'ensevelirait plutôt sous ses ruines. A d'aussi insolentes prétentions, en effet, on ne répond que par la lutte à outrance.

La France accepte cette lutte et compte sur tous ses enfants.

Les Membres délégués du Gouvernement :

CRÉMIEUX, — GLAIS-BIZOIN, — FOURRICHON.

⁎⁎⁎

Tours, le 24 Septembre.

Vu la proclamation ci-dessus qui constate la gravité des circonstances, le gouvernement décrète :

1° Toutes les élections municipales et pour l'Assemblée constituante sont suspendues et ajournées ;

2° Toute élection municipale qui serait faite est annulée ;

3° Les Préfets pourvoieront par le maintien des municipalités ou par la nomination de municipalités provisoires.

Les Membres délégués du Gouvernement :

CRÉMIEUX, — GLAIS-BIZOIN — FOURRICHON.

⁎⁎⁎

Tours, le 29 Septembre 1870.

Faites-moi connaître immédiatement quel est le nombre de gardes nationaux mobiles organisés ou en voie d'organisation que vous avez encore dans le département, — Hâtez l'organisation et faites-moi connaître le jour où elle sera terminée. — Je vous envoie un décret sur la mobilisation de la Garde nationale sédentaire.

Faites-moi connaître immédiatement le nombre des gardes nationaux sédentaires qui, mobilisés suivant le décret, sont prêts à être employés en dehors de leur département à la défense du territoire.

DÉCRET. — Art. 1ᵉʳ. — Les Préfets organiseront en compagnies de gardes nationaux mobilisés :

1° Tous les volontaires qui n'appartiennent ni à l'armée régulière ni à la Garde nationale mobile ;

2° Tous les Français de 21 à 40 ans non mariés ou veufs sans enfants résidant dans le département.

Art. 2. — Ceux qui sont appelés à faire partie de l'armée active appartiendront à la Garde nationale mobilisée jusqu'au jour où le Ministre de la guerre les réclamera pour le service de l'armée.

Art. 3. — Les Préfets soumettront immédiatement les gardes nationaux mobilisés aux exercices militaires.

Art. 4. — Les compagnies de gardes nationaux mobilisés pourront, leur organisation faite, être mises à la disposition du Ministre de la guerre.

Art. 5. — Les Préfets pourront, si les armes manquent pour l'armement des gardes nationaux mobilisés, réclamer les armes des gardes nationaux sédentaires, réquérir toutes armes de chasse et autres.

Art. 6. — Le Secrétaire général, représentant le Ministre de l'intérieur pour les services administratifs, est chargé de l'exécution du présent décret.

***

Tours, le 30 Septembre 1870, 10 heures 45 m. du matin.

Vous recevrez désormais chaque jour dépêche sommaire, résumant nouvelles bonnes ou mauvaises, que publierez par tous moyens.

Voici celle d'aujourdhui :

Strasbourg, après avoir épuisé munition a capitulé à des conditions honorables pour garnison et rassurantes pour habitants.

Escadre Baltique rentrée à Cherbourg. Protection marine marchande assurée par deux escadres.

Dans le Haut-Rhin, pas d'ennemis.

Armée badoise malade et mécontente. Landwehr refuserait service.

Nouvelles de Paris continuent être bonnes. Succès partiels confirmés. Troisième ballon parti hier matin, débarqué vers 2 heures à Mantes, dit que efforts de l'ennemi impuissants ; avons au contraire repris positions un moment perdues.

Attitude population parfaite.

***

Tours, 1er Octobre 1870, 11 heures 46 m. du matin.

Exécutez sans **retard** le décret du 29.

FORMATION DES LISTES.

Sont mobilisés : 1º Tous les volontaires qui n'appartiennent ni à l'armée régulière, ni à la Garde mobile ;

2º Tous les Français de 21 à 40 ans, non **mariés ou** veufs sans enfants, y compris ceux qui sont appelés à faire partie de l'armée active, jusqu'au jour où ils seront réclamés par le Ministre de la guerre.

Les Maires dresseront dans les trois jours, sous peine de révocation, la liste des mobilisables, à l'aide des listes électorales, des listes du recrutement, des rôles des contributions, etc.

Cette liste, comprenant tous les individus qui résident dans la commune à quelque titre que ce soit, sera adressée immédiatement au Sous-Préfet. Elle sera établie sous la responsabilité personnelle des Maires.

.•.

CONSEIL DE RÉVISION.

. Les hommes seront examinés par un conseil de révision formé dans chaque arrondissement et composé du Préfet ou du Sous-Préfet ; de l'Intendant ou Sous-Intendant militaire, ou du fonctionnaire qui en tient lieu ;

D'un Conseiller général ;

D'un Conseiller d'arrondissement ;

D'un Médecin ou Chirurgien, désignés par le Préfet.

Il se réunira quarante-huit heures après la formation des listes.

Sont exempts : 1º Les individus désignés par l'art. 8 de la loi du 13 juin 1851 ;

2º Ceux dont la présence est jugée indispensable par le ministre compétent pour assurer la marche d'un service public intéressant la défense nationale.

Armement. — La commission d'armement s'occupe activement de l'acquisition des armes. En attendant les prochains envois, on remettra aux mobilisés les armes des gardes nationaux sédentaires et des pompiers ; au besoin vous êtes autorisés à requérir toutes les armes de chasse et autres appartenant aux particuliers ; marchands et fabricants exceptés.

Solde, équipement, rassemblement, élection des officiers.

Ces questions seront l'objet d'un décret et d'instructions particulières. Mettez d'abord tous soins à la formation des listes.

*
* *

Tours, le 1er Octobre 1870, 1 heure 3 m. du soir.

Voici les résumés du *Journal officiel* de Paris des 26, 27, 28 et 29 septembre, reçus par ballon.

Attitude résolue de population, mesures énergiques du Gouvernement.

Décret (considérant qu'il n'est pas de force militaire sans discipline rigoureuse) astreint Gardes nationales aux lois militaires pendant durée du siége.

Autre décret instituant Cours martiales pour réprimer immédiatement tout attentat contre personnes ou propriétés. Le *Moniteur universel* et autres journaux de Tours contiendront détails que ferez publiés par vos journaux.

Dans combat du 23 sous Paris, l'ennemi, fort 8,000 hommes, a fait grandes pertes, avons eu 3 officiers blessés, 11 hommes tués, 86 blessés. Depuis lors quelques reconnaissances bien conduites et prouvant que troupes de toute catégorie s'aguerrissent chaque jour.

L'ennemi n'attaque presque plus et semble tenter une ligne de circonvallation. Chacune de ses opérations est surveillée et inquiétée. Paris a reçu deux fois messager du Gouvernement de Tours. Tours a déjà reçu trois ballons, un quatrième annoncé d'avant-hier, un autre d'hier, sont attendus. *Officiel* de Paris contient arrêté disant administration postes va expédier constamment lettres avec enveloppes par ballons montés et autres sans enveloppes par ballons libres.

Prévenez public par tous moyens pour que aide soit donné aux aéronautes et pour que tous paquets dépêches soient rapidement dirigés sur bureau poste.

*
* *

Tours, le 1er Octobre 1870, 2 heures du soir.

STATION CHEMIN DE FER. — NOUVELLES DE GUERRE.

De Nemours on annonce corps prussien nombreux remontant vers Châlons avec artillerie. Du côté d'Orléans ennemi n'avance pas. Prince Albrecht est à Toury avec un millier d'hommes et canons ; à Pithiviers, faible corps prussien, le gros des forces ennemies de ce côté est entre Toury et Patay.

Avant hier, Estancelin, commandant Garde nationale Seine-Inférieure et compagnie éclaireurs fait brillante reconnaissance jusqu'au delà de Mantes à travers pays occupé la veille par Prussiens. Quelques escarmouches heureuses et grand enthousiasme des populations.

Bon exemple à suivre. — De Rouen 30, on dit engagement sérieux entre éclaireurs Mocquart et ennemi composé de cavalerie, artillerie et infanterie ; éclaireurs auraient éteint feu ennemi. 300 Prussiens hors de combat.

***

Tours, le 2 Octobre 1870.

Le Gouvernement vient de rendre un décret qui fixe au 16 octobre les élections de la Constituante.

Les Préfets et Secrétaires généraux qui voudront être éligibles devront donner leur démission d'ici au 6 octobre, sauf ceux des départements envahis.

Ces Préfets sont éligibles tout en restant à leur poste.

Les Commissaires à la défense sont éligibles, bien entendu.

Pour copie conforme :

CRÉMIEUX ; GLAIS-BIZOIN.

***

Tours, le 2 Octobre 1870, 1 heure 20 m. du soir.

M. Tissandier, descendu avant-hier en ballon à Dreux, apporte nouvelles de Paris. Pas d'affaire sérieuse jusqu'au 30 au matin, physionomie de Paris excellente. Troupes et Gardes mobiles pleins de confiance ; Garde nationale prête à tous sacrifices et animée du plus courageux patriotisme.

Paris qui sent sa force, compte sur province pour harceler incessamment l'ennemi, et peu à peu le prendre dans un cercle, afin de l'acculer sur forts et fortifications, où il trouvera bon accueil.

Beauvais est occupé par ennemi. On dit de Gournay, qu'on se bat entre Saint-Germer et route de Beauvais.

Mantes envahi par 4,000 Prussiens avec artillerie.

On assure Sous-Préfet et Maire de Rambouillet prisonniers. Quelques Prussiens à Epernon.

Le Sous-Préfet de Neufchâteau certifie qu'il y a trois jours, cercueil plomb, couvert drap d'or, venant du côté de Paris est arrivé à Toul, reçu par 3,000 Melcklembourgeois qui forment garnison. Prussiens semblaient consternés.

Deux autres cercueils pareils venus depuis.

De Toul, on entendait depuis 3 jours canonnade dans la direction de Pont-à-Mousson.

Général Ulrich arrivé à Tours.

***

Tours, le 3 Octobre 1870, 11 heures 45 m. du matin.

On annonce d'Epernon que l'ennemi, par petits corps, s'est présenté plusieurs fois et s'est retiré sur Rambouillet devant mobiles et gardes nationales appelés par le tocsin.

— Vers St-Léger, volontaires embusqués ont attaqué et détruit deux patrouilles de 14 Prussiens.

Pas d'engagement plus sérieux de ce côté. — Résistances locales qui s'organisent rendent ennemi plus circonspect.

— Haut-Rhin, ennemi franchit le Rhin à la hauteur de Mulhouse, paraît se diriger vers cette ville et vers Schlestadt. — Un ballon parti de Metz, le 27, est tombé à Bayonville (Ardennes). — Il portait quelques lettres pour Gouvernement et 1,500 pour particuliers. — La poste a reçu ces lettres et les expédie.

Dépêche de Paris signée Trochu est arrivée par pigeon à Préfet du Nord, qui l'a transmise à Tours. — Le 30 septembre les troupes sont sorties et on fait reconnaissance offensive vigoureuse, ont occupé Chevilly et Lhay et se sont avancées jusqu'à Thiais et Choisy-le-Roy qui étaient occupées par Prussiens fortement retranchés. — Après vif engagement artillerie et mousqueterie, troupes sont rentrées

avec ordre remarquable dans leurs positions. — **Mobiles se**
sont montrés pleins d'ardeur : avons fait **pertes sensibles**
non encore évaluées.

On croit ennemi a fait pertes considérables.

De Neufchâteau on dit mille cavaliers prussiens re-
montent vers **Toul.**

***

Tours, le 4 Octobre, 12 du matin.

De Bâle on informe que l'ennemi a passé le Rhin la nuit
au pont de Chalampé. — Pas de renseignement sur l'é-
tendue de ses forces. — Mantes, occupé par deux regiments
de hussards, deux de dragons, un de landwher, avec 25
canons. — L'ennemi garde aussi les abords de la ville. —
Comme il s'approchait de Bonnières et était en force à
Rolleboise, en a fait sauter tunnel pour entraver sa marche.
— Rien d'important du côté de Gournay.

Pithiviers toujours occupé par 1,500 Prussiens, qui
pillent et ravagent environs.

D'Orléans, général Reyau écrit que le 2 octobre le général de Longuerne, après reconnaissance, a chassé les
Prussiens qui occupaient Artenay et faisaient réquisitions
dans villages environnants.

Ennemi se concentre à Toury où réunit de nombreux
troupeaux.

On télégraphie de Chartres que francs-tireurs ont fait
fuir, à Vialon, hier, 200 cuirassiers blancs et leur ont repris des bestiaux enlevés.

Avons reçu *Officiel*, de Paris, du 30 contenant quelques
nouvelles militaires sans importance et indiquant seulement
la vigilance des assiégés.

Méfiez-vous des fausses nouvelles : on en répand de
tous côtés, que rien d'officiel ne justifie. — Si une nouvelle
de grande importance arrivait, nous vous l'enverrions immédiatement par dépêche spéciale.

***

Tours, le 5 Octobre, 1 heure 45 m. du soir.

Dans la nuit du 4 au 5, train portant 350 hommes du
20me chasseurs a déraillé à la station de Critot (Seine-
Inférieure), 15 morts, 15 blessés sans espoir, 80 autres
blessés.

Malesherbes a été occupé, avant-hier, par ennemi; pillage du pays.

On écrit de Châteaudun, francs-tireurs, à Vialon, ont surpris et poursuivi cuirassiers prussiens. — Hier, 11 heures matin, Prussiens se sont présentés devant petite ville d'Epernon. Mobiles, francs-tireurs et gardes nationaux ont opposé résistance jusqu'à 6 heures du soir malgré artillerie ennemie; à cette heure, Prussiens sont maîtres de la ville. — Nos pertes peu considérables. — Avant-hier, Prussiens, venant de Chailly, se dirigeaient sur Fontainebleau, étaient quelques centaines de fantassins et cavaliers, francs-tireurs les ont attaqués, en ont tué une trentaine et mis autant hors de combat.

Prussiens se sont repliés sur Chailly. — Haut-Rhin, francs-tireurs alsaciens ont eu engagement dans le harôt, ont tué ou blessé 50 Prussiens.

Positif ersonnage prussien considérable, mort. — On dit tué dans embuscade de francs-tireurs; son nom, pas encore connu officiellement; on croit généralement qu'il s'agit de Monsieur de Moltke.

*
* *

Tours, le 6 Octobre, 2 heures 50 m. du soir.

Hier matin, on entendait de gare Maintenon fusillade qui cessa promptement. Nous ignorons résultat de cette affaire qui parait de nulle importance. A l'approche de nos troupes, ennemi a abandonné position à Patay, St-Péray, la Colombe et environs.

Combat de Toury. — On savait l'ennemi en force à Toury où il rassemblait bestiaux enlevés aux environs. Hier, 5 octobre, 5 heures matin, général Reyau parti Chevilly avec cavalerie, infanterie et trois demi-batteries dans direction de Toury et Tours; vers 8 heures, village Chaunis avec 6me hussards, fit prisonniers quelques soldats du royal bavarois. Artillerie ennemie, 10 pièces de 12 atteignit avec grande justesse nos batteries, 9 canons de 4 seulement, batterie de brigade Longuenac fut démontée. Deux officiers du 6me hussards, chef d'escadron Loytet, et sous-lieutenant Bourgeriez furent grièvement blessés ainsi que 3 cuirassiers atteints par obus. Malgré feu très-vif, mouvement en avant continua. Village Toury fut tourné par brigade Renagne. Cavalerie ennemie avec 500 hommes appuyée par 2,000 fantassins battit en retraite sur route de Paris où fut poursuivie à 4 kilomètres. Troupes étant très-fatiguée par suite de marche forcée depuis 3 heures du matin, le général Reyau arrêta mouvement pour occuper Toury, où l'on apprit force réelle ennemie et présence du Prince Albert, Saxe-Weiningen et Saxe-Altembourg, qui avaient quitté Toury dès 8 heures du matin. Avait repris à Toury parc bestiaux 147 vaches et 52 moutons.

Dernière dépêche :

Orléans, le 6 Octobre, 9 heures du matin.

A la suite d'affaire Toury, ennemi évacua Pithiviers en toute hâte, abandonnant convoi et bestiaux.

*
* *

Tours, le 7 Octobre 1870, 11 heures 45 m. du matin.

Renseignements officiels augment ent importance du combat de Toury : erreur dans dépêche a fait croire que cavaliers ennemis engagés étaient 500, tandis qu'ils étaient 40 escadrons, c'est-à-dire quatre à cinq mille. Prussiens chassés de Toury, Janville et villages voisins ; une ving-taine prisonniers, parmi lesquels courrier du prince Albert. Gardes nationaux arrivent à 40 kilomètres à la ronde, grand enthousiasme.

Prussiens ont été aussi repoussés d'Ymonville et environs par 40 francs-tireurs et gardes nationaux levés en masse. Ennemi a quitté Pithiviers et Machecourt. Un poste de 300 hommes à Bondaroy a été anéanti par des turcos. De Loves, on annonce pays évacué au-delà de Toury, ennemi se repliant sur Etampes. Epernon et Gallardon entièrement libres ; Prussiens emportant fortes réquisitions se sont diri-gés sur Rambouillet, qu'ils occupent au nombre de 3,000.

En somme, par suite du combat de Toury, et concours énergique prêté aux troupes par gardes nationaux, les départements du Loiret et d'Eure-et-Loire sont débarrassés des Prussiens et de leurs réquisitions et pillage. Dans l'Eure, ennemi occupe avec forces nombreuses et artillerie Pacy-sur-Eure et Vernon. Colonel Cassagne ne céda le terrain que pied à pied. De Rouen, on annonce Prussiens repoussés de Gisors, par Gardes nationales. 2,000 Prus-siens avec artillerie campent dans le bois de Gisors. Haut-Rhin : on annonce ennemi se dirige sur Neufbrisach ; vil-lages entre ce point et Chalampé occupés par beaucoup troupes ennemies. Colmar occupée une heure par uhlans avec artillerie. On dit Mulhouse évacué par corps qui s'avance sur Altkirch. On s'est battu toute la journée d'hier entre Raon et Bruyères contre 8 à 10,000 Prussiens avec artillerie. Pas de résultat; général Dupré, blessé; avons gardé nos positions; Gardes nationaux se joignent aux troupes. — Aube. Département débarrassé des Prussiens qui avaient envahi ces jours derniers quelques communes sur les bords de la Marne.

⁎

Tours, le 8 Octobre 1870, 12 heures 50 m. du soir.

Dépêche d'Evreux. — Corps prussiens qui marchait sur Evreux paraît se replier sur Mantes.

Prussiens entrés avant-hier Ablis ont coupé fils télégraphiques et disque du chemin de fer, pillé maison du garde-barrière; 300 sont campés à 3 kilomètres. D'après avis de Bellegarde, Prussiens seraient aux environs de Malesherbes et Sermaise, à 16 kilomètres de Pithiviers, qui est occupé par Français. Aucun engagement depuis celui de Toury.

De Montargis, on dit que 60 uhlans, entrés hier à quatre heures à Malesherbes, s'informent de position de nos troupes. Un vieillard inoffensif, conduisant sa voiture, aurait été tué par eux d'un coup de lance.

Dépêche du Préfet de l'Aisne. — St-Quentin, 7 octobre, midi. — Prussiens, signalés à 3 lieues, attaqueront Saint-Quentin vers 4 heures matin. J'irai avec Gardes nationaux et Pompiers défendre barricades, ferons notre devoir en républicains.

⁎

Tours, le 9 Octobre 1870, 5 heures du soir.

Garibaldi débarqué de Marseille, 7, à 10 heures, reçu par autorités; foule immense, enthousiasme indescriptible; est arrivé à Tours, le 9, à 7 heures matin; marche triomphale sur tout parcours; habitants des villes et villages encombraient gare; vivats et acclamations unanimes. Même accueil à son arrivée à Tours. Le général est à la Préfecture, entouré des Membres du gouvernement; il est acclamé par foule qui a envahi jardin.

Gambetta, Ministre de l'Intérieur, parti de Paris par ballon, est descendu à Montdidier; arrive à Tours aujourd'hui midi, a été acclamé à son entrée en gare.

Nouvelles de la guerre.

Du côté d'Evreux, Prussiens ont quitté Vernon et Pacy, mais sont entrés en force à Gisors. De Chartres, on annonce hier avant-gardes prussiennes arrivées à Dreux, disant précéder corps 5,000 hommes.

A Maintenon, ennemi dans environs, Gardes mobiles prêts à répondre.

Hier matin à 5 heures à Ablis, francs-tireurs ont attaqué deux escadrons hussards prussiens et deux compagnies bavaroises barricadées dans les rues. Après feu très-vif, les nôtres ont emporté position, pris 89 chevaux et 69 prisonniers, tué tous autres chevaux. Prussiens ont fait pertes sérieuses, les nôtres très-faibles.

Renseignements officiels :

Pithiviers occupé par Français, vedettes prussiennes en vue; ennemi paraît se masser vers Etampes. St-Quentin a été attaqué hier 10 heures matin par Prussiens qui furent repoussés avec ardeur admirable par Garde nationale, Pompiers, Francs-Tireurs et population de la ville. Barricade du faubourg d'Isle protégée par canal a été défendue pendant 5 heures et est encore occupée par citoyens qui se sont battus comme vieux soldats. Avons perdu 10 hommes tués ou blessés ; pertes ennemies plus considérables. Avons fait 12 prisonniers. Parmi morts, 2 officiers prussiens. Préfet de l'Aisne, A. de la Forge, légèrement blessé à la jambe. Haut-Rhin. — Neufbrisach est entouré et bombardé par ennemi depuis le 7, vers 2 heures ; la place répond vigoureusement.

*
* *

Tours, le 9 octobre 1870, 5 heures 30 m. du soir.

Le Gouvernement de la défense nationale ;

Vu la dépêche de la délégation de Tours, en date du 29 septembre, parvenue le 1er octobre au Gouvernement, portant fixation au 16 octobre des élections pour l'Assemblée constituante ;

Vu le décret du Gouvernement en date du 23 septembre et le décret conforme de la délégation de Tours ajournant lesdites élections ;

Attendu que cette résolution nouvelle est en opposition avec le décret du Gouvernement de la défense nationale et que, d'ailleurs, elle est d'une exécution matériellement impossible dans vingt-trois départements; et nécessairement incomplète dans les autres ;

DÉCRÈTE :

Art. 1er. — L'ajournement des élections générales est maintenu jusqu'au moment où elles pourront se faire sur toute la surface de la République.

Art. 2. — Toute opération accomplie en violation du présent décret sera nulle et de nul effet.

Fait à l'Hôtel-de-Ville de Paris, le 1er octobre 1870.

Général TROCHU ; — Jules FAVRE; — GAMBETTA ; — Ernest PICARD ; — Emmanuel ARAGO ; — Jules FERRY ; — GARNIER-PAGÈS ; — Jules SIMON , — PELLETAN ; — ROCHEFORT.

★

RÉPUBLIQUE FLANÇAISE.

Liberté , Égalité , Fraternité.

———

CITOYENS DES DÉPARTEMENTS ,

Par ordre du Gouvernement de la République, j'ai quitté Paris pour venir vous apporter avec les espérances du peuple renfermé dans ses murs, les instructions et les ordres de ceux qui ont accepté la mission de délivrer la France de l'étranger. Paris, depuis vingt jours étroitement investi, a donné au monde un spectacle unique, le spectacle de plus de deux millions d'hommes qui, oubliant leurs préférences, leurs dissidences antérieures, pour se serrer autour du drapeau de la République, ont déjà déjoué les calculs de l'envahisseur qui comptait sur la discorde civile pour lui ouvrir les portes de la capitale. La révolution avait trouvé Paris sans canons et sans armes. A l'heure qu'il est, on a armé 400,000 hommes de Garde nationale, appelé 100,000 Mobiles, groupé 60,000 hommes de troupes régulières ; les ateliers fondent des canons, les femmes fabriquent un million de cartouches par jour ; la Garde nationale est pourvue de deux mitrailleuses par bataillon, on lui fait des canons de campagne pour qu'elle puisse opérer bientôt des sorties contre les assiégeants ; les forts occupés par la marine ressemblent à autant de vaisseaux de haut-bord immobiles, garnis d'une artillerie merveilleuse et servie par les premiers pointeurs du monde. Jusqu'à présent, sous le feu de ces forts, l'ennemi a été impuissant à établir le moindre ouvrage. L'enceinte elle-même, qui n'avait que 500 canons, le 4 septembre, en compte aujourd'hui 3,800. A la même date, il y avait trente coups de canon à tirer par pièce ; aujourd'hui, il y en a quatre cents, et l'on continue à fondre des projectiles avec une fureur qui tient du vertige. Tout le monde a son poste marqué dans la cité et sa place de combat. L'enceinte est perpétuellement couverte par la Garde nationale, qui, de l'aube à la nuit, se livre à tous les exercices de la guerre avec l'application du patriotisme. On sent tous les jours grandir la solidité et l'expérience de ces soldats improvisés.

Derrière cette enceinte, ainsi gardée, s'élève une troisième enceinte construite sous la direction du Comité des barricades. Derrière ses pavés, savamment disposés, l'enfant de Paris a retrouvé, pour la défense des institutions républicaines, le génie même du combat des rues. Toutes ces choses, partout ailleurs impossibles, se sont exécutées au milieu du calme de l'ordre et grâce au concours enthousiaste qui a été donné aux hommes qui représentent la République.

Ce n'est point une illusion, ce n'est point non plus une vaine formule : Paris est imprenable, il ne peut plus être ni pris ni surpris. Restaient aux Prussiens deux autres moyens d'entrer dans la capitale : la sédition et la faim. La sédition ! Elle ne viendra pas, car les suppôts et les complices du gouvernement déchu, ou bien ils ont fui, ou bien ils se cachent.

Quant aux serviteurs de la République, les ardents comme les tièdes trouvent dans le Gouvernement de l'Hôtel-de-Ville d'incorruptibles ôtages de la cause républicaine et de l'honneur national. La famine ! Prêt aux dernières privations, le peuple de Paris se rationne volontairement tous les jours et il a devant lui , grâce aux accumulations de vivres, de quoi défier l'ennemi pendant de longs mois encore. Il supportera avec une mâle constance la gêne et la disette pour donner à ses frères des départements le temps d'accourir et de le ravitailler. Telle est, sans déguisement ni détours, la situation de la capitale de la France.

Citoyens des départements ! cette situation vous impose de grands devoirs. Le premier de tous, c'est de ne vous laisser divertir par aucune préoccupation qui ne soit pas la guerre, le combat à outrance. Le second, c'est, jusqu'à la paix, d'accepter fraternellement le commandement du pouvoir républicain sorti de la nécessité et du droit. Ce pouvoir, d'ailleurs, ne saurait sans déchoir s'exercer au profit d'aucune ambition ; il n'a qu'une passion et qu'un titre : Arracher la France à l'abîme où la Monarchie l'a plongée. Donc, toutes autres affaires cessant, j'ai mandat, sans tenir compte ni des difficultés ni des résistances , de remédier avec le concours de toutes les libres énergies aux vices de notre situation, et, quoique le temps manque, de suppléer à force d'activité à l'insuffisance des délais. Les hommes ne manquent pas : ce qui a fait défaut, c'est la résolution, la décision et la suite dans l'exécution des projets. Ce qui a fait défaut, après la honteuse capitulation de Sédan, ce sont les armes. Tous nos approvisionnements de cette nature avaient été dirigés sur Sédan, Metz et Strasbourg, et l'on dirait que par une dernière et criminelle combinaison, l'auteur de tous nos désastres a voulu en tombant nous enlever tous les moyens de réparer nos ruines. Maintenant, grâce à l'intervention d'hommes spéciaux, des marchés ont été conclus, qui ont pour but et pour effet d'accaparer tous les fusils disponibles sur les marchés du globe. La difficulté était grande de se procurer la réalisation de ces marchés. Elle est aujourd'hui surmontée. Quant à l'équipement et à l'habillement, on va multiplier les ateliers et requérir les matières premières , si besoin est ; ni les bras, ni le zèle des travailleurs ne manquent, l'argent ne manquera pas non plus.

Il faut enfin mettre en œuvre toutes nos ressources qui sont immenses, secouer la torpeur de nos campagnes, réagir contre de folles paniques, multiplier la guerre de partisans, et, à un ennemi si fécond en embûches et en surprises, opposer des piéges , harceler ses flancs , surprendre ses derrières, et enfin inaugurer la guerre nationale.

La République fait appel au concours de tous ; son gouvernement se fera un devoir d'utiliser tous les courages, d'employer toutes les capacités. C'est sa tradition à elle d'armer les jeunes chefs, nous en ferons !

Le ciel lui-même cessera d'être clément pour nos adversaires, les pluies d'automne viendront, et retenus et contenus par la capitale, les Prussiens si éloignés de chez eux, inquiétés, troublés, pourchassés par nos populations réveillées, seront décimés pièce à pièce par nos armes, par la faim, par la nature.

Non, il n'est pas possible que le génie de la France se soit voilé pour toujours, que la grande nation se laisse prendre sa place dans le monde par une invasion de cinq cent mille hommes. Levons-nous donc en masse, et mourons plutôt que de subir la honte du démembrement.

A travers tous nos désastres et sous les coups de la mauvaise fortune, il nous reste encore le sentiment de l'unité française, l'indivisibilité de la République. Paris cerné affirme plus glorieusement encore son immortelle devise qui dictera aussi celle de toute la France :

Vive la Nation ! Vive la République une et indivisible.

Le Membre du gouvernement de la défense nationale,
Ministre de l'intérieur,

Léon GAMBETTA.

Tours, le 9 octobre 1870.

***

Tours, 12 Octobre 1870, 3 heures du soir.

Hier on se battait aux abords d'Orléans ; quelques obus tombés entrée des faubourgs.

Communications régulières arrêtées à Beaugency, détails manquent encore.

A Dreux, Prussiens repoussés.

Eclaireurs signalés hier soir à 4 kilomètres de Chateaudun.

Avant-hier, deux engagements heureux pour francs-tireurs et avant-postes de mobiles dans les Vosges à Clefcy; ennemi perdu 60 hommes, nous 6 blessés.

Près Bruyère, 30 prussiens sur le carreau, un franc-tireur tué.

Ennemi paru à Montdidier; garde nationale, francs-tireurs à sa rencontre : il s'est replié.

***

RAPPORT DU COMMANDANT DE PLACE

Bitche, 28 Septembre.

Essuyé trois bombardements les 8 et 23 août et du 11 au 12 septembre. — Grande partie ville brulée, plus de 10,000 projectiles.

Garnison bonne santé, pourvue vivres, munitions, bâtiments du fort détruits.

*
* *

Tours, 4 heures 20 soir.

Ennemi entré Orléans, hier soir 7 heures; gare incendiée; détails officiels manquent encore.

Reçu nouvelles d'un combat important, le 7, entre Saint-Cloud et le Mont-Valérien. — Général Ducrot infligé échec sérieux aux Prussiens qui se sont retirés sur Versailles.

*
* *

Tours, le 15 Octobre 1870, 1 heure soir.

Rapport sur journée du 11 constate que troupes se trouvant sur route de Paris ayant combattu la veille à Arthenay n'ont pas tenu; une brigade de 3me division à Saran-les-Ormes débordée par artillerie, a disputé terrain pied à pied .Trois bataillons de réserve ont ensuite contenu ennemi pendant 3 heures, après combat très-vif. obligés céder à profusion de projectiles. Général Lamotterouge prit parti se retirer sur rive gauche de la Loire; retraite non inquiétée, se fit avec calme et ordre. Général Lamotterouge a été remplacé par général Dourelles. Cinquante cavaliers ennemis ont paru à Meung ; 1,500 réquisitionnent St-Ay. Cavalerie ennemie paru hier à Tournoisie dans direction de Châteaudun où furent vus éclaireurs prussiens. A Gisors sont 3,000 Prussiens avec artillerie attendent renforts successifs.

A Bruyères, Vosges, le 11, dans soirée, eut lieu combat avant-postes contre 15,000 ennemis ayant beaucoup artillerie. Néanmoins Cambriels, pour ne pas s'exposer à être cerné dans les montagnes, se décida à changer positions.

Dans le Nord, exemple de St-Quentin, produit immense effet : cérémonie imposante; plus de 50,000 personnes ; enterrement des gardes nationaux tués.

Tours, le 14 Octobre 1870, 11 heures 30 m. matin.

Aucun nouvel engagement signalé côté d'Orléans; quatre cents prussiens entrés hier n'y seraient pas restés la nuit.

On les dit en force à Meung.

A Châteaudun, hier matin, cinq uhlans, suivis de près par vingt autres, parurent gare; francs-tireurs ont tiré dessus sans les atteindre. Ils ont fui vers Toury. — Bruit répandu approche 30,000 ennemis a produit fausse alerte. — Ce matin tout tranquille; Gardes nationaux en armes, reconnaissance sans résultat jusque Tournoisie.

Hier matin, 8 heures, feu roulant artillerie commencé contre Soissons des hauteurs voisines, place en état de résister.

Lettre particulière, source honorable, communiquée sous réserves, annonce qu'ennemi a subi grandes pertes sous Metz; Bazaine paraît libre de ses mouvements sur Thionville.

**

Tours, le 14 Octobre 1870, 11 heures 30 m. du soir.

Des nouvelles sont arrivées de Paris par un ballon parti le 12 octobre; elles sont résumées dans la proclamation suivante du Ministre de l'intérieur et de la guerre.

« CITOYENS DES DÉPARTEMENTS,

« C'est avec une indicible expression de joie que je me hâte de vous faire connaître les fortifiantes nouvelles qui nous arrivent de Paris, apportées par le ballon parti le 12 octobre de la capitale.

« A Paris, le peuple, de jours en jours plus héroïque, prépare le salut de la France par l'ordre admirable qu'il maintient dans la cité, par les privations qu'il s'impose joyeusement; car, détail qui n'a rien de vulgaire dans la grandeur de situation où nous sommes, c'est par la viande de cheval qu'il commence le siège, réservant pour les derniers jours les troupeaux vivants dans ses murs. — Impatiente derrière ses remparts, la Garde nationale a voulu marcher à l'ennemi.

Voici le bulletin de sa première Victoire.

« Sur toute la ceinture, les Prussiens ont été délogés des positions qu'ils occupaient depuis 3 semaines; au nord dans la direction de St-Denis, on les a refoulés au-delà de Stain, de Pierrefite, de Dugny-Creteil, le plateau d'Avron. — Au sud-ouest on leur a enlevé le Bas-Meudon et St-Cloud, les refoulant sur Versailles. — Ils savent à présent ce que vaut un peuple résolu qui veut sauver son honneur et ses institutions.

« Je vous disais il y a quelques jours : Paris est inexpugnable, le voilà devenu assaillant. — D'aussi admirables exemples ne peuvent laisser les départements insensibles; redoublons tous de travail et d'énergie, sûrs désormais que Paris fera son devoir jusqu'au bout, faisons le nôtre.

« Vive Paris! Vive la France! Vive la République!

» Le Ministre du gouvernement de la défense nationale,
Ministre de l'intérieur et de la guerre.

« Signé : Léon GAMBETTA. »

***

Tours, le 15 Octobre 1870, 4 heures 45 m. du soir.

Excellentes nouvelles de Paris, du 12. — Peuple maintient ordre et s'impose avec joie des privations pour ménager bétail sur pied. — Garde nationale, sur sa demande, a fait des sorties, délogé ennemi de toutes positions occupées depuis trois semaines. — Tout le périmètre se trouve ainsi dégagé.

Dans direction de Rouen, ennemi occupe Gisors et Magny, a attaqué nos avant-postes à Ecouis. — Dans rencontre de cavalerie, avons eu trois tués, six blessés; avons conservé nos positions. — Quelques coups de fusil échangés Fleury-St-Andelle.

Hier, autour Laferté-St-Aubin, fortes reconnaissances ennemies repoussées après engagement sans gravité.

Châteaudun tranquille.

Rien de nouveau des Vosges.

Le 13, dans forêt Fontainebleau, francs-tireurs ont mis en déroute et poursuivi jusqu'à Melun des cavaliers Wurtembergeois. — Garnison ennemie évacua précipitamment cette ville.

***

Voici une dépêche de Chaumont, 15, à 11 heures matin, parvenue à l'instant :

« KÉRATRY A GOUVERNEMENT TOURS.

« Parti hier de Paris à 10 heures matin par ballon tombé à Brillon, à 9 kilomètres de Bar-le-Duc, échappé à poursuites ennemis, blessé légèrement jambe et tête par chûte vertigineuse. — Très beau combat le 13, jeudi, à Bagneux et Chatillon, d'où l'ennemi délogé pendant notre reconnaissance, a subi pertes considérables.

« Mobiles Côte-d'Or et Aube très-distingués. — Commandant Aube, de Dampierre, tué glorieusement. — Batteries prussiennes démontées. — Nos troupes rentrées dans leurs lignes, le soir, avec ordre magnifique, selon plan concerté. — Marins fort Montrouge remarquables en couvrant la retraite; canons des trois forts, Montrouge, Vanves, Issy. eurent un tir admirable. — Château de St-Cloud brûlé. — Paris aussi patriotique et résolu que jamais. Revue enthousiaste par gouvernement acclamé. »

**

Tours, 17 Octobre 1870, 11 heures 25. m. matin.

Des nécessités impérieuses ont imposé à M. Léon Gambetta, Ministre de l'Intérieur et de la Guerre, le devoir de se rendre immédiatement à l'armée des Vosges, qui a pour mission d'arrêter la marche des Prussiens sur Lyon.

L'absence de M. Gambetta sera de courte durée, on l'attend à Tours dans trois jours.

**

Tours, 18 Octobre 1870, 2 heures soir.

Il n'est pas signalé d'engagement important. L'ennemi parait avoir hier fait un mouvement, évacuant en grande partie Orléans.

A St.-Laurent-des-Eaux, francs-tireurs, Dordogne et Loire, ont à deux reprises, hier, dispersé reconnaissances ennemies en leur inffligeant des pertes, faisant deux prisonniers, dont un capitaine.

Francs-Tireurs et Gardes nationaux, après avoir traversé Melun évacué, ont, dans les bois de Vert-Saint-Denis, attaqué un détachement ennemi, tué l'officier et quelques hommes.

Eclaireurs ennemis continuent à incendier les villages de Beauce. Ménainville et la Bourdinière presque entièrement détruits.

Général Bourbaki est chargé sur sa demande, du commandement supérieur de la région du Nord.

**

Tours, le 19 Octobre 1870, 1 heure 15 m. soir.

Hier Châteaudun barricadé, défendu par 900 francs-tireurs et par garde nationale, a soutenu de 1 heure à 10 heures du soir attaque et bombardement de la part de plusieurs milliers d'ennemis venus avec deux batteries, une mitrailleuse, un obusier à bombes incendiaires. — Prussiens ont subi de grandes pertes, mais défenseurs décimés dans cette lutte héroïque ont du quitter ville en partie incendiée.

En Normandie, on ne signale que l'apparition de quelques cavaliers ennemis à Granvilliers.

Vesoul serait occupé par ennemi.

Rien de nouveau sur la Loire.

**

Tours, le 20 Octobre 1870, 1 heures 30 m. du soir.

Journaux officiels de Paris, des 15 et 16, confirment pleinement importance du combat du 13 sous Paris.

Renseignements certains font connaître que ennemi eût plus de 1,200 tués ou blessés le 14. — Armistice de 11 heures à 5 heures fut accordé aux Prussiens, sur leur demande, pour enlever leurs morts.

Dans la nuit du 13 au 14, bataillon éclaireurs (garde nationale) surprit à Rueil Prussiens en train de brûler deux maisons et leur tua vingt hommes.

Le 14, un parc d'artillerie ennemi fut atteint à grande distance par obus de redoute, de Gravelle.

Approvisionnements de blé et de fourrages restés près Maisons-Alfort, ramené dans Paris.

Le 15, obus du bastion 2 empêcha, à 4,500 mètres, installation de batterie de siège ; tua 2 officiers et mis une pièce hors service.

Châteaudun est en cendres. — Les faubourgs non défendus ont été canonnés. — Une reconnaissance du 16ᵐᵉ corps culbuta, près Lailly, un détachement de hussards rouges avec artillerie et poursuivit vivement l'ennemi.

***

Tours, le 21 Octobre 1870, 1 heure 25 m. du soir.

Le Gouvernement a décrété que la ville de Châteaudun a bien mérité de la patrie et qu'un crédit de cent mille francs est ouvert pour aider la population.

Quelques patrouilles prussiennes dispersées à Vitry (Loiret), à Epernon, et en Normandie à Ecouis.

Fusillade d'avant-garde sans importance, hier matin, du côté de Bonneval.

On ne signale nulle part d'engagement sérieux.

***

Tours, le 22 Octobre 1870, 12 heures 15 m. du soir.

Vingt mille Prussiens ont investi Chartres, hier, paraissant vouloir se diriger sur Mantes, par Dreux.

Dépêches de Neufchâteau, annoncent Bazaine aurait remporté sous Metz avantage signalé le 14, et siège de Verdun serait interrompu parce que les batteries ennemies sont démontées ou inondées. — Prussiens ont fait sauter, hier, le pont sur la Loire, entre Meung et Cléry, étaient hier soir un millier autour de Beaugency.

Sous Paris, le 15, deux obus ont pénétré dans un poste ennemi, près Champigny. — Le 16, éclaireurs, postés à Créteil, ont été attaqués, dès l'Aube, par un peloton de prussiens qu'ils ont repoussé.

Rapport militaire du 17 pas parvenu.

Tours, le 25 Octobre 1870, 11 heures 28 m. matin.

Combat, hier, depuis 9 heures matin jusqu'à la nuit, devant Besançon, entre Voray et Cussey. — Détails manquent.

Engagements sérieux de midi à 2 heures 1\2 dans forét d'Hécourt (Eure). Prussiens avec artillerie, cavalerie, infanterie, ont été repoussés par éclaireurs Mocquart, mobiles d'Ardèche, francs-tireurs de Caen, qui leur ont mis une centaine hors combat. — De notre côté, commandant d'éclaireurs grièvement blessé, deux mobiles Ardèche tués, 8 à 10 blessés.

Vernon canonné, de rive à autre de la Seine, plus d'une heure, par ennemi qui s'est retiré. — Dégâts peu considérables.

Dans engagement près Fontainebleau, le 21, francs-tireurs auraient demonté 40 cavaliers.

On dit 150 ennemis à Châteauneuf (Loiret).

***

Laval, 24 Octobre 1870, 1 heure 55 m. du matin.

Général armée de Bretagne

A Préfets Finistère, Morbihan, Loire Inférieure, Ille-et-Vilaine, Côtes-du-Nord.

PROCLAMATION AUX GARDES MOBILES, GARDES NATIONAUX MOBILISÉS ET CORPS FRANCS DE LA BRETAGNE.

Le gouvernement de la défense nationale, par décret du 22 octobre, m'a fait l'honneur de me placer à votre tète, je vous apporte le sacrifice entier de moi-même. — D'ici à dix jours vous serez concentrés aux portes de la Bretagne pour faire face à l'ennemi. — Vous recevrez exactement tout ce qui est nécessaire au soldat; fusil à tir rapide, canons longue portée, mitrailleuses perfectionnées seront confiés à votre courage.

Ceux de nos frères qui défendent les remparts de Paris ont déjà prouvé que le sang breton n'a pas dégénéré; à nous de marcher sur leurs traces.

Vous vous rappellerez tous qu'une sévère discipline est l'arme la plus puissante pour assurer la victoire.

Je suis résolu à la maintenir dans toute sa rigueur.

Que les cœurs faibles restent en arrière, que les vrais bretons marchent en avant et prouvent à un peuple barbare qu'ils se lèvent en hommes libres ; que notre seul cri de ralliement soit : DIEU ET PATRIE!

Le Général de division, commandant en chef de l'armée de Bretagne,

Cte DE KERATRY.

Le Commissaire :

CARRÉ KÉRISOUËT.

⁂

Tours, le 24 Octobre 1870, 11 heures 05 m. du matin.

Ennemi a de nouveau attaqué, hier, à 2 heures du matin, les positions de Châtillon-le-Duc, près Besançon ; a dû se retirer à 4 heures. — Les deux jours nous avons eu l'avantage ; nos positions gardées, nos pertes minimes : nous avons fait quelques prisonniers.

Lettre de Schlestadt, 22 octobre, annonce place investie depuis le 10, bombardée depuis le 18. — Deux magasins à fourrages incendiés ; quelques incendies partiels éteints; une femme tuée par obus, quatre ou cinq soldats blessés. — défense énergique, esprit de la population excellent.

Les travaux d'approche pour siège de la Fère subitement abandonnés hier, sur arrivée d'estafette; par prussiens laissant leurs outils.

Ennemi entré hier matin à Montereau.

⁂

Tours, le 25 Octobre 1870, 1 heure du soir.

De Besançon on annonce ennemi battant en retraite hier, par deux routes Surgy et Rioze, emmenant 37 voitures de blessés, laissant morts très-nombreux dont un colonel Badois. — Nos pertes sont moins considérables; 160 blessés environ sont dans les ambulances de Besançon.

A Verdun, dans la nuit de jeudi à vendredi, garnison aurait répondu à tentative de bombardement par sortie et charge à la bayonnette, faisant des ravages encore accrus par méprises de deux corps ennemis tirant dans obscurité l'un sur l'autre.

Chartres toujours occupé et environs évacués par ennemi. — Dreux menacé.

Prussiens ont évacué Montereau se dirigeant sur Nangis.

Du côté de Gien, ennemi paraît se replier sur Orléans.

On parle d'engagements heureux de francs-tireurs dans cette contrée.

*
* *

Tours, le 26 Octobre 1870, 4 heures 50 m. du soir.

Ennemi entré hier matin à Dreux, après avoir essuyé une partie de la nuit résistance des Gardes mobiles en avant de la ville.

Un détachement campé près St-Remy-sur-Avre; gare St-Remy saccagée. Confins de Seine-Inférieure pas inquiétés depuis deux jours, ennemi se retire sur Gisors et Mantes.

Dans bassin de la Loire, engagement a eu lieu près Journe ; ennemi a eu 5 ou 6 tués, dont 1 officier, a laissé 2 blessés et 1 prisonnier ; de notre côté 1 blessé seulement.

Courcelles brûlé par ennemi.

A St-Aignan, près Gien, quelques éclaireurs ennemis ont été culbutés par Francs-Tireurs Nivernais.

On dit aussi engagement, le 24, à Sully, où 150 Prussiens auraient été mis hors de combat.

*
* *

Tours, le 27 Octobre 1870, 12 heures 50 m. du soir.

Nogent-sur-Seine attaqué le 25, dès le matin, par 1,800 Prussiens environ, munis de 4 canons, une mitrailleuse, a résisté jusque vers dix heures. Nous avons eu 8 Gardes nationaux, une vingtaine Mobiles tués, environ 150 blessés et prisonniers. Pertes de l'ennemi plus considérables; un officier supérieur tué. Francs-Tireurs de la Loire et Gendarmerie se sont particulièrement distingués. Ennemi a évacué Nogent, à 4 heures.

Une reconnaissance du 16ᵐᵉ corps attaquée hier sur rive gauche de la Loire : chasseurs ont fait feu sur cavalerie ennemie ; 3 ennemis tués, un chasseur français disparu.

Un détachement prussien revenu à Châteaudun.

A Launois (Ardennes), Francs-Tireurs ont surpris un détachement, tué 2 hommes, fait 7 prisonniers. Aucun franc-tireur atteint.

*
* *

Tours, le 28 Octobre 1870, 1 heure 25 m. du soir.

Capitulation de Schlestadt, après bombardement, est confirmée. Vesoul évacué par ennemi le 26, à 11 heures matin, laissant 90 blessés aux ambulances. Francs-Tireurs prirent près Lure quelques voitures à ennemi.

Nouvel engagement, le 26 soir, près St-Laurent-des-Eaux, entre éclaireurs et uhlans dont 15 furent, dit-on, tués et plusieurs blessés.

A Clermont, hier matin, reconnaissance, capturé un Prussien et trois chevaux. 300 Prussiens passèrent à Bonneval ; mais retour d'un fort détachement d'ennemis à Châteaudun ne parait pas se confirmer.

*
* *

Tours, 29 Octobre 1870, 1 heure 20 m. du soir.

Dépêche de Bâle, du 27, annonce défaite complète avec grandes pertes du corps Badois. — Trois cents dans la déroute se sont réfugiés en Suisse, ont été désarmés et envoyés à Porrantruy.

Hier Prussiens ont attaqué à 10 heures matin, formerie sur chemin de fer Amiens à Rouen ; ils étaient 1,500 ou 2,000 avec artillerie. — Après engagement sérieux ont été vigoureusement repoussés par troupe et mobiles du Nord.

Cavalerie, commandée par colonel d'Espeuilles, les a poursuivis, les poussant en pleine déroute vers Beauvais et Longeon ; ligne a été maintenue intacte, maisons incendiées par ennemi.

Près Courville, mobiles de l'Orne et volontaires de l'Hérault ont mis en déroute une reconnaissance comprenant détachement cuirassiers blancs, 83me d'infanterie prussienne avec artillerie, qui s'est repliée précipitamment sur Chartres.

Douze cents cavaliers ennemis qui avaient paru à Châteauneuf-en-Thimerais, ont fait retraite.

⁎⁎

Tours, le 50 Octobre 1870; 10 heures du matin.

RÉPUBLIQUE FRANÇAISE

Liberté, Égalité, Fraternité.

PROCLAMATION AU PEUPLE FRANÇAIS.

FRANÇAIS,

Élevez vos âmes et vos résolutions à la hauteur des efeffroyables périls qui fondent sur la patrie ! Il dépend encore de nous de lasser la mauvaise fortune et de montrer à l'univers ce qui est un grand peuple qui ne veut pas périr et dont le courage s'exalte au sein même des catastrophes.

METZ A CAPITULÉ. — Un Général sur qui la France comptait, même après le Mexique, vient d'enlever à la patrie en danger plus de 100 mille de ses défenseurs. — Le maréchal Bazaine a trahi. — Il s'est fait l'agent de l'homme de Sédan, le complice de l'envahisseur, et, au mépris de l'honneur de l'armée dont il avait la garde, il a livré sans même essayer un suprême effort, 120 mille combattants, 20 mille blessés, ses fusils, ses canons, ses drapeaux, et la plus forte citadelle de la France. — Metz, vierge jusqu'à lui des souillures de l'Étranger. — Un tel crime est au-dessus même des châtiments de la justice.

Et maintenant, Français, mesurez la profondeur de l'abime où vous a précipité l'empire. — Vingt ans la France a subi ce pouvoir corrupteur qui tarrissait en elle les sources de la grandeur et de la vie.

L'Armée de la France, dépouillée de son caractère national, devenue sans le savoir un instrument de règne et de servitude, est engloutie malgré l'héroïsme des soldats, par la trahison des chefs dans les désastres de la patrie.

En moins de deux mois, deux cent vingt cinq mille hommes ont été livrés à l'ennemi : sinistre épilogue du coup de main militaire de décembre.

Il est temps de nous ressaisir, citoyens, et de montrer sous l'égide de la République que nous sommes bien décidés à ne laisser capituler ni au dedans ni au dehors, de puiser dans l'extrémité même de nos malheurs le rajeunissement de notre moralité et de notre virilité politique et sociale.

Oui, quel que soit l'étendue du désastre, il ne nous trouve ni consternés ni hésitants. Nous sommes prêts aux derniers sacrifices, et en face d'ennemis que tout favorise, nous jurons de ne jamais nous rendre. — Tant qu'il nous restera un pouce du sol sacré de nos semelles, nous tiendrons ferme le glorieux drapeau de la révolutions Française.

Notre cause est celle de la justice, du droit. — L'Europe le voit. — L'Europe le sent. Devant tant de malheurs immérités spontanément, sans avoir reçu de nous ni invitation ni adhésion, elle s'est émue, elle s'agite.

Pas d'illusions ! ne nous laissons pas allanguir ni énerver, et prouvons par des actes que nous voulons, que nous pouvons tenir de nous-mêmes l'honneur, l'indépendance, l'intégrité, tout ce qui fait la patrie libre et fière.

Vive la France! Vive la République une et indivisible

Les Membres du gouvernement,

Signés : CRÉMIEUX. — GLAIS-BIZOIN. — GAMBETTA.

***

Tours, le 30 Octobre 1870, 5 heures 30 m. du soir.

Onze ou douze cavaliers ennemis parus près Dijon, reçus à coups de fusils. — On n'annonce encore à portée que quelques centaines Prussiens.

On dit engagement sérieux entre francs-tireurs et corps prussien à Elogé (Vosges), où Prussiens auraient perdu beaucoup de monde dans embuscade.

Corps francs ont fait dérailler un train de troupes près Saulce sur ligne des Ardennes, et embusqués ont tué nombreux ennemis.

Tours, le 31 Octobre 1870, midi 5 m. du soir.

Hier, 10 à 12,000 ennemis ont attaqué Dijon, et ont rencontré résistance de troupes régulières Mobiles et Garde nationale sédentaire ; combat en avant de la ville et dans faubourg a duré de 9 heures matin à 4 heures 1/2 soir. Bombardement a entraîné retraite de la garnison.

Avant-hier, 150 cuirassiers blancs ont paru à Châteaudun et sont repartis, après quelques heures, route d'Orléans.

Vers le Nord, on ne signale aucun mouvement ennemi sérieux. Quelques éclaireurs seulement rencontrés par Francs-Tireurs.

Rapport officiel de Verdun signale sortie heureuse le 20 octobre; garnison a enlevé les postes prussiens et encloué 26 pièces gros calibre.

***

Tours, le 1er Novembre 1870, 12 heures soir.

RÉPUBLIQUE FRANÇAISE

Liberté, Égalité, Fraternité.

A L'ARMÉE.

SOLDATS,

Vous avez été trahis mais non deshonorés. — Depuis trois mois, la fortune trompe votre héroïsme. — Vous savez aujourd'hui à quels désastres l'ineptie et la trahison peuvent conduire les plus vaillantes armées. — Débarassés de chefs indignes de vous et de la France, êtes-vous prêts, sous la conduite de chefs qui méritent votre confiance, à à laver dans le sang des envahisseurs l'outrage infligé au vieux nom français? En avant! — Vous ne luttez plus pour l'intérêt et les caprices d'un despote, vous combattez pour le salut même de la patrie, pour vos foyers incendiés, pour vos familles outragées, pour la France, notre mère à tous, livrée aux fureurs d'un implacable ennemi : — Guerre sainte et nationale, mission sublime, pour le succès de laquelle il faut sans jamais regarder en arrière nous sacrifier tous et tout entier.

D'indignes citoyens ont osé dire que l'armée avait été rendue solidaire de l'infamie de son chef. — Honte à ces calomniateurs, qui, fidèles au système des Bonaparte, cherchent à séparer l'armée du peuple, les soldats de la République. — Non, non, j'ai flétri comme je le devais la trahison de Sédan et le crime de Metz et je vous appelle à venger votre propre honneur qui est celui de la France.

Vos frères d'armes de l'armée du Rhin ont déjà protesté contre ce lâche attentat et retiré avec horreur leurs mains de cette capitulation à jamais maudite. — A vous de relever le drapeau de la France, qui dans l'espace de 15 siècles, n'a jamais subi pareille flétrissure. — Le dernier Bonaparte et ses séides pouvaient seuls amonceler sur nous tant de honte en si peu de jours. Vous nous ramènerez la victoire, mais sachez la mériter par la vertu des pratiques militaires qui sont aussi les vertus républicaines : le respect de la discipline, l'austérité de la vie, le mépris de la mort. Ayez toujours présente l'image de la patrie en péril ; n'oubliez jamais que faiblir devant l'ennemi à l'heure où nous sommes, c'est commettre un parricide et en mériter le châtiment. Mais le temps des défaillances est passé ; c'est fini des trahisons ; les destinées du pays vous sont confiées, car vous êtes la jeunesse française, l'espoir armé de la patrie : vous vaincrez, et, après avoir rendu à la France son rang dans le monde, vous resterez les citoyens d'une République paisible, libre et respectée.

Vive la France! Vive la République!

Le membre du Gouvernement, Ministre de l'Intérieur
et de la Guerre,

Signé : L. GAMBETTA.

***

Tours, le 2 Novembre 1870, 1 heure 30 m. du soir.

Éclaireurs ennemis ont été repoussés par Mobiles à Bréval et par Gardes nationaux sédentaires à Ivry-la-Bataille.

Près de Dreux, Francs-Tireurs ont dispersé un escadron de 26 uhlans.

De Paris, journal officiel annonce que 26, avant le jour, Francs-Tireurs de la Presse ont exécuté surprise sur le Bourget et dans la journée s'y sont maintenus malgré l'arrivée de 30 pièces d'artillerie ennemie et d'infanterie considérable.

Quimper, le 5 Novembre 1870, 7 heures 50 m. du matin.

Intérieur

A tous les bureaux télégraphiques des Départements.

A la suite des profondes émotions publiques causées à Paris par les tristes évènements des derniers jours et par la proposition d'armistice apportée par M. Thiers, le Gouvernement de l'Hôtel-de-Ville, vers 2 heures de l'après-midi, dans la journée du 31 octobre, a été l'objet d'une sérieuse tentative ayant pour objet de constituer un Comité de salut public. — Cette tentative a échoué. — Je ne connais pas encore les détails de ces évènements qui ont amené le Gouvernement de Paris à consulter la population assiégée tout entière sur la question et dans les formes indiquées par le décret dont suit la teneur.

« Considérant qu'il importe à la dignité du Gouvernement et au libre exercice de sa mission de défense, de savoir s'il a conservé la confiance de la population parisienne ;

« Considérant, d'autre part, que d'une délibération des Maires des 20 arrondissements municipaux de la ville de Paris, légalement convoqués à l'Hôtel-de-Ville dans la matinée du 31 octobre, il résulte qu'il est opportun de constituer régulièrement par l'élection les municipalités des 20 arrondissements ;

« DÉCRÈTE :

« Le scrutin sera ouvert le jeudi 3 novembre sur la question suivante :

« La population de Paris maintient-elle, oui ou non, les pouvoirs du Gouvernement de la défense nationale ?

« Prendront part au vote tous les électeurs de Paris et des communes réfugiées à Paris qui justifieront de leurs droits électoraux. Il sera procédé, le samedi 5 novembre, à l'élection d'un Maire et trois Adjoints pour chacun des arrondissements municipaux de la ville de Paris. Les électeurs inscrits sur les listes électorales à Paris prendront seuls part à ce vote.

« Le vote aura lieu par scrutin de liste pour chaque arrondissement, et à la majorité absolue des suffrages ; en cas de second tour, le nouveau scrutin aura lieu le lundi 7 novembre.

« Fait à l'Hôtel-de-Ville, le 1er novembre 1870.

« Signé : Général TROCHU ; Jules FAVRE ; E. ARAGO ; Jules FERRY ; GARNIER-PAGÈS ; PELLETAN ; E. PICARD , Jules SIMON.

« Pour copie :

« Léon GAMBETTA. »

***

Tours, le 3 Novembre 1870, 1 heure du soir.

Hier, Prussiens ont tenté investissement de Belfort par Giromagny où un bataillon Mobiles de la Haute-Saône n'a tenu qu'une heure et demie, et par Toppe où l'ennemi a eu le dessous et n'a pu emporter le village défendu par Mobiles du Rhône. On dit au moins 150 ennemis hors combat dont un officier supérieur. Nos pertes beaucoup moindres.

En Normandie, près de Suzay, avant-poste de Mobiles de Oise a eu engagement avec uhlans ; douze ennemis restés sur le terrain.

Uhlans en reconnaissance à Gournay sont repartis brusquement, voyant risque d'être surpris.

***

Tours, le 4 Novembre 1870, 2 heures 10 m. du soir.

Châteauneuf (Loiret), évacué hier matin par Prussiens ; 80, qui ont passé la Loire, ont rencontré Francs-Tireurs qui leur ont tué quelques hommes.

Prussiens ont incendié Vienne-en-Val, en Seine-et-Marne ; Ennemi reparu à Noret hier vers cinq heures.

En Normandie, avant-postes Mobiles de l'Oise ont encore surpris hier éclaireurs ennemis près Etrépagny.

Dans l'Est, ennemi ne dépasse pas Dijon.

On s'est battu le 2 entre Auxonne et Besançon, l'avantage nous resterait et partie garnison de Dijon serait allée subitement vers Auxonne. Investissement de Belfort parait complété.

***

Tours, le 3 Novembre 1870, 9 heures du matin.

Résultat du vote du 3 :

442 mille OUI.
49 mille NON.

PROCLAMATION DU GOUVERNEMENT disant :

« Vous nous ordonnez de rester au poste du péril que nous assigna la Révolution du 4 septembre : avec force venant de vous, avec sentiment des grands devoirs que votre confiance nous impose, le premier est celui de défense, il continuera à être notre occupation exclusive ; préviendrons mouvements criminels par sévère exécution des lois. »

Proclamation de Jules Favre dit : « N'ayons tous qu'un cœur et une pensée, délivrance de la patrie. La délivrance n'est possible que par obéissance aux chefs militaires et respect des lois. Hier soir la Garde nationale est allée féliciter le Gouvernement réuni chez le Gouverneur de Paris. » Trochu remercie et dit : « La République seule peut nous sauver. Si la perdions, serions perdus avec elle. »

Applaudissements enthousiastes. —Clément Thomas, nommé commandant des Gardes nationales. Tranquillité parfaite.

. ⁎ .

Tours, le 3 Novembre 1870, 5 heures 3 m. du soir.

Aucun évènement militaire important signalé, ennemi reparu à Fontainebleau et Montereau ; engagement hier près Fay-aux-Loges, entre Tirailleurs et détachement bavarois, 4 tués et 7 blessés prussiens.

On parle, mais sans détails, de nouveaux combats vers Auxonne.

⁎

Tours, le 6 Novembre 1870, 1 heure 45 m. du soir.

On signale passages importants de troupes ennemies dans Haute-Saône et Est de la Côte-d'Or.

4,000 Prussiens à Nuits, avec artillerie.

Corps Garibaldi, hier, toute la journée, a barré la route de Saint-Jean-de-l'Osne.

A Auxonne, près Brazey, a un corps ennemi muni de forte artillerie.

L'ennemi n'a fait aucun progrès dans Loiret ni dans Seine-et-Marne.

Rien de nouveau à signaler du côté des Andelys.

*
* *

Tours, le 7 Novembre 1870, 9 heures 45 m. du matin.

L'armistice à l'effet d'élire Assemblée nationale est repoussé à l'unanimité par Gouvernement de défense nationale.

La Prusse n'ayant pas voulu accepter ravitaillement de Paris et n'ayant accepté qu'avec des réserves participations de l'Alsace et de la Lorraine au vote.

A l'*Officiel* de ce matin, formations de trois armées dans Paris, dont une des Gardes nationaux sédentaires.

Ordre parfait à Paris.

*
* *

Tours, le 7 Novembre 1870.

Avant-hier, combat près de Brazey, s'est terminé à notre avantage. Francs-Tireurs de Garibaldi ont repoussé l'ennemi qui tentait de passer la Saône et qui s'est retiré à Bretonnières, près Dijon. Engagement nouveau paraît avoir eu lieu hier dans même direction ; rien de précis à ce sujet.

Ennemi se montre à Neufchâteau, menaçant Chaumont.

Près de Châteaudun, hier, Mobiles du Gard et Francs-Tireurs de Paris ont surpris un régiment de cuirassiers ennemis et en ont tué et blessé un certain nombre.

En Normandie, près Tillières, rive gauche de Seine, engagement a eu lieu entre Prussiens munis d'artillerie et Mobiles de l'Oise qui, renforcés à temps, ont pu repousser ennemi vers Etrépagny.

*
* *

Tours, le 8 Novembre 1870, 5 heures 15 m. du soir.

Hier, engagement d'avant-postes près de la forêt de Marchenoir, à la suite duquel ennemi a battu en retraite vers trois heures et demie, laissant des morts et blessés sur le terrain.

Pas d'autre fait de guerre notable à signaler.

***

Tours, le 11 Novembre 1870.

Armée de la Loire sous les ordres du général d'Aurèles de Paladine s'est emparée hier, 10 novembre, d'Orléans, après une lutte de deux jours.

Nos pertes, tant tués que blessés, n'atteignent pas deux mille hommes. Celles de l'ennemi sont plus considérables.

Nous avons fait plus d'un millier de prisonniers et le nombre augmente par la poursuite. Nous nous sommes emparés de deux canons, modèle prussien, de vingt caissons chargés de munitions, tout attelés, et d'une grande quantité de fourgons et de voitures d'approvisionnement.

La principale action s'est concentrée autour de Coulmiers dans la journée du 9. L'élan des troupes a été remarquable malgré le mauvais temps. Il y a lieu d'espérer que cette opération militaire ouvre une ère nouvelle pour la France.

Nos ressources en hommes sont immenses, le patriotisme est partout, et le pays doit se montrer prêt aux plus grands sacrifices.

Nous avons été trop éprouvés par la fortune pour nous laisser égarer par des illusions nouvelles... Nous avons repris l'offensive; c'est un grand point. Cette offensive signifie qu'au lieu de déplacer notre base d'opérations pour la mettre en arrière, nous la reportons en avant.

Avec de la résolution, de la prudence, de l'énergie et surtout en restant unis sur le terrain de la lutte à outrance contre l'envahisseur, la République sauvera la France.

***

Tours, le 15 Novembre 1870.

Intérieur et Guerre

A Préfets et Commandants divisions et subdivisions.

Le Ministre de l'Intérieur, pour féliciter l'armée de la Loire du résultat des journées des 9 et 10 novembre, a adressé aux troupes l'allocution suivante :

« Soldats de l'armée de la Loire ,

« Votre courage et vos efforts nous ont enfin ramené la victoire depuis trois mois déshabituée de nos drapeaux.

« La France en deuil vous doit sa première consolation, premier rayon d'espérance. Je suis heureux de vous apporter avec l'expression de la reconnaissance publique les éloges et les récompenses que le Gouvernement décerne à vos succès.

« Sous la main de chefs vigilants, fidèles, dignes de vous, vous avez retrouvé la discipline et la force. Vous nous avez rendu Orléans enlevé avec l'entrain de vieilles troupes depuis longtemps accoutumées à vaincre.

« A la dernière et cruelle injure de la mauvaise fortune, vous avez montré que la France loin d'être abattue par tant de revers inouïs jusqu'à présent dans l'histoire, entendait répondre par une générale et vigoureuse offensive.

« Avant-garde du pays tout entier, vous êtes aujourd'hui sur le chemin de Paris, n'oublions jamais que Paris nous attend, et qu'il va de notre honneur de l'arracher aux étreintes des barbares qui le menacent du pillage et de l'incendie, redoublez donc de constance et d'ardeur. Vous connaissez maintenant nos ennemis ; jusqu'ici leur supériorité n'a tenu qu'au nombre de leurs canons ; comme soldats, ils ne vous égalent ni en courage ni en dévouement. Retrouvez cet élan, cette furie française qui ont fait notre gloire dans le monde, et qui doivent aujourd'hui nous aider à sauver la patrie. Avec des soldats tels que vous la République sortira triomphante des épreuves qu'elle traverse. Car après avoir organisé la défense, elle est en mesure à présent d'assurer la revanche nationale.

« *Vive la France! Vive la République une et indivisible !*

« Le Membre du Gouvernement de la défense nationale,

Ministre de l'Intérieur et de la Guerre,

« Léon GAMBETTA.

« Quartier général de l'armée de la Loire, le 12 Novembre 1870. »

Le Ministre est rentré à Tours, dans l'après-midi, ayant recueilli sur l'attitude de l'armée les impressions les plus satisfaisantes.

***

Tours, le 13 Novembre 1870, 2 heures 5 m. du soir.

De l'armée de la Loire rien à signaler. Dole a été évacué par l'ennemi dans la journée d'hier.

Le 13, une colonne de 800 hommes de la garnison de Mézières a fait une reconnaissance sur Praël et Faguon. Un engagement heureux avec 1,200 ennemis, et dégagé des Francs-Tireurs qui se trouvaient cernés. De notre côté, dix blessés non grièvement.

***

Tours, le 17 Novembre 1870, 11 heures 45 m. du matin.

Place de Mézières et celle d'Auxonne, presque complètement investies, ont répondu heureusement au premier feu de l'ennemi.

Prussiens ont quitté Nemours, après avoir incendié la gare et quatorze maisons.

***

Prussiens ont subitement abandonné investissement d'Auxonne et évacué Saint-Jean-de-Losne.

Ils nous ont attaqué en Beauce, à Landelles : ils ont eu 20 hommes hors de combat; nous avons gardé nos positions et ils se sont repliés sur Courville. Ils ont en même temps attaqué Dreux. Un combat de trois heures a eu lieu sous cette ville. L'ennemi occupe la hauteur de Chérisy.

Avant-hier, Francs-Tireurs et Chasseurs ont surpris de la cavalerie ennemie à Viabon, tué une vingtaine de hussards, blessé dix, fait quatre prisonniers. Hier matin encore, ils ont rencontré un escadron auquel ils ont tué et blessé quelques hommes.

Le 16, dans les Ardennes, entre Longwy et Harcy, 300 Mobiles et 100 Francs-Tireurs ont eu engagement sérieux avec 2,500 ennemis ayant artillerie : avons eu 3 tués, 12 blessés; pertes de l'ennemi beaucoup plus considérables.

*
* *

400 cavaliers ennemis ont incendié deux villages près de Bonneval, se sont présentés à l'entrée de la ville, ont été repoussés et poursuivis. Quelques uhlans ont été mis en déroute par Garde nationale près Ferrières (Loiret).

Dans Côte-d'Or, près St-Jean-de-Losne, Francs-Tireurs ont pris 40 voitures de vivres à l'ennemi, tué un des cavaliers escortant, mis les autres en fuite.

*
* *

Châtillon-sur-Seine. 7 à 800 ennemis surpris par Ricciotti Garibaldi : tous ont été mis hors combat, faits prisonniers.

Prussiens sont arrivés hier subitement devant Evreux, ont tiré vingtaine de coups de canon sur la ville : Garde nationale a résisté ; — ennemi s'est replié à la nuit à petite distance.

17 cavaliers ennemis ont paru à Montargis, ont disparu laissant un tué et un prisonnier.

NOTA. — La dépêche bulletin de guerre d'hier contient une erreur, qui n'a été rectifiée qu'aujourd'hui : il faut lire *quatre* voitures de vivres et non *quarante*.

***

Tours, le 21 Novembre 1870, 2 heures 45 m. du soir.

Hier, à Nuits, engagement de cinq heures sans résultat entre 300 Francs-Tireurs et 1,200 Prussiens, a dû reprendre aujourd'hui.

Le 19, dans l'Aisne, divers engagements de Tirailleurs ont eu lieu ; un, notamment assez important à Vouel, près la Fère ; avons perdu un capitaine et 7 ou 8 hommes.

On parle d'une sortie heureuse de Belfort vers Bessoncourt.

L'ennemi fortifie Montbéliard.

***

Tours, le 22 Novembre 1870, 12 heures 20 m. du soir.

On a des nouvelles de Paris. — Le succès de Coulmiers y est connu depuis plusieurs jours et a produit grande impression. L'esprit public est plein de confiance et d'union. Les rapports militaires et les numéros du *Journal officiel* ne sont pas encore arrivés.

L'ennemi n'a pas reparu à Evreux.

Des Mobiles ont rencontré des forces ennemies à Bretoncelles, se sont retirés après quatre heures de lutte. — A Yèvres, les Eclaireurs girondins ont rencontré 600 cavaliers, ont tué 2 hommes et un cheval.

Une dépêche de Rocroy annonce qu'hier matin Mézières était dégagé.

La Garde nationale et la garnison de cette place dans une sortie, le 17, auraient tué à l'ennemi 500 hommes et pris un canon.

Dans la Côte-d'Or, engagement, le 20, entre trois compagnies de Corps-Francs et 1,000 à 1,200 Prussiens ayant quatre pièces canon ; de notre côté, un tué, 4 blessés.

Prussiens se sont retirés sur Vougeot, avec grandes pertes évaluées à 80 hommes.

*
★ ★

Tours, le 23 Novembre 1870 2 heures, 25 m. du soir.

Près de Vernon nos troupes ont repris l'offensive ; ont cerné un important convoi de vivres, venant de Mantes, qui est resté dans nos mains ; ont mis en déroute un détachement de 1,500 Prussiens. De notre côté deux mobiles tués, cinq blessés. L'ennemi, un officier et six hommes tués, une quarantaine blessés ; nous avons fait quatre prisonniers avec 5 chevaux.

Le commandant Montgolfier, des mobiles Ardèche, s'est distingué, a eu son cheval tué.

Vallée de l'Eure dégagée.

L'ensemble des nouvelles militaires de Paris est excellent. Le feu des forts continue à faire le plus grand mal à l'ennemi, le cercle d'investissement s'élargit.

Mézières débloqué fait parvenir journaux et dépêches.

*
★ ★

Tours, le 24 Novembre, 5 heures 40 m. du soir.

Près de Bonneval, quelques cavaliers se sont montrés. — Francs-Tireurs et légions Charette ont tué ou blessé dix hommes à l'ennemi, fait prisonniers un cuirassier blanc et un sous-officier de hussards.

On signale des engagements vers Montbéliard, à Bouzancour et Audicourt. Le 22, ennemi s'est retiré ayant 2 morts et 11 blessés ; pas de blessés de notre côté.

Rien à signaler sur la Loire.

*
★ ★

Tours, le 25 Novembre, 11 heures 55 m. du matin.

Hier, les Prussiens ont passé à Pacy et Vernon, mais sans s'y établir. — A Vernousset, échange de coups de fusil avec les habitants qui ont eu un blessé. — Aux Andelys, visite d'une douzaine de uhlans repoussés par mobiles.

Des éclaireurs ennemis sont signalés à Mondoubleau (Loir-et-Cher).

* * *

Tours, le 26 Novembre, 11 heures 55 m. matin.

Hier l'ennemi a été délogé d'une forte position qu'il occupait sur hauteurs d'Yèvres, près Brou, apres un combat qui a duré de 2 heures à 5 heures de l'après-midi, a été poursuivi au-delà de Brou. Nos pertes sont insignifiantes, celles de l'ennemi non encore évaluées.

Avant-hier soir, 100 gardes nationaux, 100 mobiles du Gers et 40 francs-tireurs ont attaqué les Prussiens à Saint-Agil et leur ont fait subir des pertes importantes. — De notre côté, 2 tués, 3 blessés.

Sur la ligne de la Loire, Ladon a été évacué par l'ennemi. — Une reconnaissance de cavalerie y a fait hier 22 prisonniers et trouvé 200 fusils prussiens. — En Normandie, engagement d'avant-postes aux environs de Vernon. Un mobile blessé mortellement. Ennemi a amené deux voitures de blessés et de morts.

* * *

Tours, le 27 Novembre, 5 heures soir.

L'armée de la Loire menacée sur sa gauche par des forces considérables a dû masser de ce côté certaines forces un peu avancées, et qui, présentant une ligne mince, couraient risque d'être coupées. La droite tient vigoureusement et empêche les progrès de l'ennemi. — Un succès a été obtenu à Neuville où des forces ennemies, après avoir bombardé la ville, ont dû laisser le terrain à des troupes inférieures en nombre, abandonnant assez grand nombre de morts et de blessés et 80 prisonniers. — Nos pertes sont peu importantes. — Cet ensemble d'opérations n'a qu'une gravité relative de part et d'autre et ne préjuge en rien le résultat de la rencontre attendue. — Dans la Somme, combats heureux à Gentelle et Boves. — Bonnes nouvelles des environs de Montbéliard.

***

Tours, le 28 Novembre 1870, 3 heures 10 m. du soir.

Dans le Perche, l'ennemi semble avoir fait un mouvement analogue au nôtre, obligé d'évacuer quelques positions extrèmes de sa droite pour masser ses forces. — On reste dans l'attente d'un engagement important. — Il y a eu hier des combats toute la journée aux environs d'Amiens. L'action engagée à la fois à Villers-Bretonneux, à Boves, à Dury, ne nous a été favorable que sur ce dernier point.

***

Tours, le 29 Novembre 1870, midi.

Des engagements assez vifs, qui ont duré de huit heures et demie du matin à sept heures du soir, ont eu lieu hier sur le front de l'armée de la Loire, entre Pithiviers et Montargis. — Sur les divers points, l'ennemi a été successivement repoussé avec pertes sensibles ; de nombreux prisonniers et un canon sont restés en nos mains. — Les Prussiens sont rentrés à Amiens. — De nouveaux engagements ont eu lieu, hier soir, près de cette ville ; résultat inconnu.

Engagement, hier, à Villers-en-Vexin : Mobiles ont infligé des pertes à l'ennemi, n'ont eu qu'un blessé.

On dit La Fère rendue après 30 heures de bombardement, sans sommation.

***

Tours, le 1er Décembre 1870, 4 heures 55 m. du soir.

Dans la nuit 29-30, ennemi retranché dans maisons d'Etrépagny, fut attaqué par nos troupes et, après lutte acharnée, contraint fuir en tous sens. — Avons eu un capitaine

grièvement blessé, 5 tués, 15 blessés. — Pertes ennemies :
4 officiers tués, 3 officiers prisonniers dont un supérieur,
50 ou 60 tués, une centaine prisonniers; un canon. 3 caissons pleins, nombreux chevaux tués ou pris.

Dans Loiret, ennemi attaquant Méziaires, fut repoussé
deux fois.

Hier, 35 prisonniers dont un officier. — Dans forêt Montargis, 5 éclaireurs tués, 6 pris par Francs-Tireurs.

En Bourgogne, combat victorieux, hier à Nuits; fîmes
quelques prisonniers.

Petits engagements avantageux à Romagnes (Ardennes)
et près des Vosges.

***

Tours, le 1er Décembre 1870, 8 heures du soir.

La délégation du Gouvernement a reçu aujourd'hui jeudi,
1er décembre, *la nouvelle d'une victoire remportée sous les
murs de Paris*, pendant les journées des 28, 29 et 30 novembre. Cette nouvelle a été apportée par le ballon le *Jules
Favre*, descendu près de Belle-Isle-en-Mer.

A quatre heures, M. Gambetta, Membre du Gouvernement, s'adressant à la foule réunie dans la cour de la Préfecture, a confirmé en ces termes la grande et heureuse
nouvelle.

« Chers Concitoyens,

« Après soixante-douze jours, d'un siége sans exemple
« dans l'histoire, tout entier consacrés à préparer et à
« organiser les forces de la délivrance, Paris vient de jeter
« hors de ses murs, pour rompre le cercle de fer qui l'é-
« treint, une nombreuse et vaillante armée. Préparée avec
« prudence par des chefs consommés que rien n'a pu ni
« ébranler ni émouvoir dans cette laborieuse organisation
« de la victoire, cette armée a su attendre l'heure propice;
« et l'heure est venue.

« Excités, encouragés par les fortifiantes nouvelles ve-
« nues d'Orléans, les chefs du Gouvernement avaient résolu
« d'agir : et, tous d'accord, nous attendions depuis quel-
« ques jours, avec une sainte anxiété, le résultat de nos
« efforts combinés.

« C'est le 29 novembre au matin que Paris s'est ébranlé.
« Une proclamation du général Trochu a appris à la capi-

« tale cette résolution suprème ; et, avant de marcher au
« combat, il a rejeté la responsabilité du sang qui allait
« couler sur la tète de ce ministre et de ee roi dont la crimi-
« nelle ambition foule aux pieds la justice et la civilisation
« moderne.

« L'armée de sortie est commandée par le général Du-
« crot qui, avant de partir, a fait à la manière antique le
« serment solennel devant la ville assiégée et devant la
« France anxieuse, de ne rentrer que mort ou victorieux.

« Je vous donne, dans leur laconisme, les nouvelles ap-
« portées par le ballon le *Jules Favre*, un nom de bon
« augure et cher à la France, tombé ce matin à Belle-Isle-
« en-Mer. »

Le 29 au matin, la sortie dirigée contre la ligne d'investissement a commencé sur la droite par Choisy, l'Hay et
Chevilly ; dans la nuit du 29 au 30, la bataille a persisté
sur divers points. Le général Ducrot, sur sa gauche, passe
la Marne, le 30 au matin ; il occupe successivement Mesly
et Montmesly ; il prononce son mouvement sur sa gauche,
passe la Marne, et adossé à la Marne, se met en bataille de
Champigny à Bry. L'armée passe alors la Marne sur huit
points ; elle couche sur ses positions, après avoir pris à
l'ennemi deux pièces de canon.

L'affaire a été rapportée à Paris par le général Trochu.
Ce rapport où on fait l'éloge de tous, ne passe sous silence
que la grande part du général Trochu à l'action : *ainsi faisait Turenne*. Il est constant qu'il a rétabli le combat sur
plusieurs points en entraînant l'infanterie par sa présence.
Durant cette bataille, le périmètre de Paris était couvert
par un feu formidable, l'artillerie fouillant toutes les positions de la ligne d'investissement. L'attaque de nos troupes
a été soutenue pendant toute l'action par des canonnières
lancées sur la Marne et sur la Seine. Le chemin de fer circulaire de M. Dorian, dont on ne saurait trop célébrer le
génie militaire, a coopéré à l'action à l'aide de wagons
blindés faisant feu sur l'ennemi.

Cette même journée du 30, dans l'après-midi, a donné
lieu à une pointe vigoureuse de l'amiral La Roncière, toujours dans la direction de l'Hay et Chevilly. Il s'est avancé
sur Longjumeau et a enlevé les positions d'Epinay, au-delà
de Longjumeau, positions retranchées des Prussiens, qui
nous ont laissé de nombreux prisonniers et encore deux
canons.

A l'heure où nous lisons la dépèche de Paris, une action

générale doit être engagée sur toute la ligne. L'attaque du Sud, du 1er décembre, doit être dirigée par le général Vinoy.

D'aussi considérables résultats n'ont pu être achetés que par de glorieuses pertes : 2,000 blessés ; le général Renault, commandant le 2me corps, et le général La Charrière ont été blessés.

Le général Ducrot s'est couvert de gloire et a mérité la reconnaissance de la Nation.

Les pertes prussiennes sont très-considérables.

Tous ces renseignements sont officiels, car ils sont adressés par le chef d'Etat major général, le général Schmitz.

Pour extraits conformes :

Léon GAMBETTA.

« Le génie de la France un moment voilé réapparaît.
« Grâce aux efforts du pays tout entier, la victoire nous
« revient, et, comme pour nous faire oublier la longue série
« de nos infortunes, elle nous favorise sur presque tous les
« points. En effet, notre armée de la Loire a déconcerté de-
« puis trois semaines tous les plans des Prussiens et re-
« poussé toutes leurs attaques ; leur tactique a été impuis-
« sante sur la solidité de nos troupes, à l'aile droite
« comme à l'aile gauche.

« Etrépagny a été enlevé aux Prussiens et Amiens éva-
« cué à la suite de la bataille de Paris.

« Nos troupes d'Orléans sont vigoureusement lancées en
« avant; nos deux grandes armées marchent à la rencontre
« l'une de l'autre. Dans leurs rangs, chaque officier,
« chaque soldat, sait qu'il tient dans ses mains le sort
« même de la patrie : de là seul les rend invincible. Qui
« donc douterait désormais de l'issue finale de cette lutte
« gigantesque ? Les Prussiens peuvent mesurer aujourd'hui
« la différence qui existe entre un despote qui se bat pour
« satisfaire ses caprices et un peuple armé qui ne veut pas
« périr. Ce sera l'éternel honneur de la République d'avoir
« rendu à la France le sentiment d'elle-même : et l'ayant
« trouvée abaissée, désarmée, trahie, occupée par l'étran-
« ger, de lui avoir ramené l'honneur, la discipline, le res-
« pect, la victoire.

« L'envahisseur est maintenant sur la route où l'attend
« le feu de nos populations soulevées. — Voilà, citoyens,
« ce que peut une grande Nation qui veut garder intacte

6

« la gloire de son passé, qui ne verse son sang et celui de
« l'ennemi que pour le triomphe du droit et de la justice
« dans le monde. La France et l'univers n'oublieront
« jamais que c'est Paris qui le premier a donné cet
« exemple, enseigné cette politique et fondé ainsi sa supré-
« matie morale en restant fidèles à l'héroïque esprit de la
« révolution.

> « *Vive Paris! Vive la France!*
> « *Vive la République une et indivisible!*

> « Léon GAMBETTA. »

*
* *

Tours, le 2 Décembre 1870, midi 20 m.

Le nouveau mouvement en avant de l'armée de la Loire
a débuté par un succès. Le 16ᵐᵉ corps a trouvé l'ennemi
fortement établi de Guillonville à Terminiers. Malgré la
résistance énergique de l'ennemi qui comptait au moins
20,000 hommes et de 40 à 50 canons, on a enlevé successivement, outre les premières positions de l'ennemi, celles
de Guillonville, Villepiou et Faverolles. — Nos troupes ont
vigoureusement enlevé les villages à la bayonnette. —
L'artillerie a été remarquable. — Nos pertes sont peu
graves ; celles de l'ennemi sont considérables. — Nous
avons de nombreux prisonniers. — Les honneurs de la
journée sont à l'amiral Jauréguiberry.

*
* *

Tours, le 3 Décembre 1870, 4 heures 15 m. du soir.

Le mouvement de l'armée de la Loire s'est continué
hier. Il a donné lieu à une série d'engagements sans avantage marqué d'aucun côté.

Dans un d'eux, le général de Sonis, emporté par son
élan, a été blessé et fait prisonnier ; cet accident a déter-
miné un temps d'arrêt dans la marche du 17ᵐᵉ corps. —
Du reste, nous gardons nos positions et le moral des troupes
est excellent.

Dans l'Est, Autun a été à deux reprises attaqué par l'ennemi et deux fois l'ennemi a été repoussé ; la seconde avec des pertes importantes. — Rien de nouveau dans le Nord. — Le mouvement de retraite de l'ennemi paraît se prononcer.

***

Tours, le 4 Décembre 1870, 2 heures 30 m. du soir.

L'armée de la Loire ayant devant elle une énorme concentration de forces ennemies a discontinué son mouvement et reprend les fortes positions qu'elle occupait devant Orléans. — Cette accumulation d'efforts contre l'armée de la Loire devra faciliter d'autant les mouvements de l'armée de Paris.

Dans l'Est, on signale un engagement heureux entre Autun et Arnay ; ennemi a été vigoureusement poursuivi.

Un détachement prussien a été surpris hier matin à Pesme, près Auxonne, a laissé sur terrain 4 tués, 2 blessés, 4 prisonniers; le chef prussien tué.

***

Tours, le 5 Décembre 1870, 11 heures 55 m. du soir.

Après les divers combats livrés dans journées du 2 et 3 décembre qui avaient causé beaucoup de mal à l'ennemi mais qui en même temps avaient arrêté la marche de l'armée de la Loire, la situation générale de cette armée parut tout à coup inquiétante au général commandant en chef d'Aurelles de Paladine. Dans la nuit du 3 au 4 décembre, le général d'Aurelles parla de la nécessité qui l'imposait, suivant lui, d'évacuer Orléans et d'opérer la retraite des divers corps de l'armée sur la rive gauche de la Loire. Il lui restait cependant une armée de plus de 200,000 hommes, pourvus de plus de 500 bouches à feu, retranchés dans un camp fortifié de pièces de marine à longue portée. Il semblait que ces conditions exceptionnellement favorables dussent permettre une résistance qu'en tout cas les devoirs militaires les plus simples ordonnaient de tenter. Le général d'Aurelles n'en persista pas moins dans son mouvement de retraite. Il était sur place, disait-il, pouvait mieux que personne juger de la situation des choses. Après une délibération, prise en conseil du Gouvernement à l'unanimité, la délégation fit passer ce télégramme suivant au commandant en chef à l'armée de la Loire :

« L'opinion du Gouvernement consulté était de vous « voir tenir ferme à Orléans, vous servir des travaux de « défense et ne pas s'éloigner de Paris, mais puisque vous « affirmez que la retraite est nécessaire, que vous êtes « mieux à même sur les lieux de juger la situation, que vos « troupes ne tiendraient pas, le Gouvernement vous laisse « le soin d'exécuter les mouvements de retraite sur la né- « cessité desquels vous insistez et que vous présentez « comme de nature à éviter à la défense nationale un plus « grand désastre que celui même de l'évacuation d'Orléans.

« En conséquence, je retire mes ordres de concentration « active et forcée à Orléans et dans le périmètre de vos « feux de défense. Donnez des ordres d'exécution à tous vos « généraux en chef, placés sous votre commandement. »

Cette dépêche était envoyée à 11 heures ; à midi le général d'Aurelles écrivait à Orléans.

« Je change mes dispositions ; je dirige sur Orléans le « 16me et 17me corps; j'appelle le 18me et le 20me; j'orga- « nise la résistance; je suis à Orléans à la place. »

« *Signé* : D'AURELLES. »

Le plan de concentration était justement celui qui depuis 24 heures était conseillé, ordonné par le Ministre de la Guerre. Le Ministre de la Guerre voulut se rendre lui-même à Orléans pour s'assurer de la concentration rapide des corps de troupes. A une heure et demie il partait par un train spécial ; à quatre heures et demie en avant du village de la Chapelle le train dut s'arrêter, la voie étant occupée par un parti de cavaliers prussiens qui l'avaient couverte de madriers et de pièces de bois pour entraver la marche des convois. A cette heure on entendait la canonnade dans le lointain.

On pouvait croire qu'on se battait en avant d'Orléans et Beaugency, où le Ministre de la guerre était revenu pour prendre une voiture afin d'aller à Ecouy, croyant que la résistance se continuait devant Orléans. Il ne fut plus possible d'avoir de nouvelles. Ce n'est qu'à Blois, à 9 heures du soir, que la dépêche suivante fut envoyée de Tours :

« Depuis midi je n'ai reçu aucune dépêche d'Orléans,

« mais à l'instant, en même temps que la vôtre, 6 heures 3
« minutes, je reçois deux dépêches d'Orléans annonçant :
« l'une qu'on a tiré sur votre train, à la Chapelle, l'autre
« du général d'Aurelles ainsi conçue : »

« J'avais espéré jusqu'au dernier moment pouvoir me
« dispenser d'évacuer Orléans. Tous mes efforts ont été
« impuissants. Cette nuit la ville sera évacuée. Je suis
« sans autre nouvelle.

« *Signé* : FREYCINET. »

En présence de cette grave détermination, des ordres
immédiats furent donnés de Blois pour assurer la retraite
des troupes. Le Ministre ne rentra à Tours que vers trois
heures du matin ; il trouva à son arrivée les dépêches suivantes que le public appréciera.

Orléans, le 5 Décembre, 12 heures 10 in. du matin.

« Général de Pallières à Guerre.

« Ennemi a proposé notre évacuation d'Orléans à onze
« heures et demie du soir, sous peine de bombardement de
« la ville.

« Comme nous devions la quitter cette nuit, j'ai accepté
« au nom du Général en chef. Batteries de la marine ont
« été enclouées, poudre et matériel détruits. »

ORLÉANS. — Secrétaire général à Intérieur.

L'ennemi a occupé Orléans à minuit. On dit les Prussiens entrés presque sans munitions. Ils n'ont presque pas
fait de prisonniers. A l'heure actuelle, les dépêches des différents chefs de corps annoncent que la retraite s'effectue
en bon ordre. Mais on est sans nouvelles du général d'Aurelles qui n'a rien fait parvenir au Gouvernement. Les
nouvelles reçues jusqu'à présent disent que la retraite des
corps d'armée s'est accomplie dans les meilleures conditions
possibles. — Nous espérons reprendre bientôt l'offensive.
— Le moral des troupes est excellent.

Courrier de Paris, par ballon Franklin, signale des victoires sous Paris, les 2 et 3 décembre. Celui du 3 surtout a
été très-important comme résultats ; nous avons combattu
trois heures, dit général Trochu, pour conserver nos positions et cinq heures pour enlever celles de l'ennemi sur
lesquelles nous coucherons. Les pertes prussiennes sont

évaluées à chiffre très-considérable, 400 prisonniers sont arrivés dans la journée à Paris.

Les troupes ennemies engagées le 3 étaient pourtant fraîches; il y avait environ 100,000 hommes, pour la plupart Saxons ou Wurtembergeois. — Rapport militaire dit que pertes de l'ennemi ont été tellement considérables que, pour la première fois de la campagne, il a laissé passer une rivière, en sa présence, en plein jour, à une armée qu'il avait attaquée, la veille, avec tant de violence.

La matinée du 4 a été calme.

Grand effet moral produit dans Paris.

Léon GAMBETTA.

***

Tours, le 6 Décembre 1870, 2 heures 15 m. du soir.

Je suis informé que les bruits les plus alarmants sont répandus sur la situation de l'armée de la Loire. Démentez hardiment toutes mauvaises nouvelles colportées par la malveillance dans le but de provoquer le découragement, la démoralisation. Vous serez strictement dans le vrai en affirmant que notre armée est en ce moment dans d'excellentes positions, que son matériel est intact ou renforcé, qu'elle se dispose à reprendre la lutte contre l'envahisseur. Que chacun soit ferme et fort, que tous ensemble nous fassions un grand, un suprême effort et *la France sera sauvée !*

Léon GAMBETTA.

***

Tours, le 8 Décembre 1870, 4 heures 25 m. du soir.

Hier, les troupes commandées par le général Chanzy, ont été attaquées sur la ligne de Meung à Saint-Laurent-des-Bois ; contre nous étaient engagées 2 divisions Bavaroises, une Prussienne, avec 1,000 chevaux et 86 pièces d'artillerie, avec des forces considérables de réserve sous les ordres du prince Frédérick Charles. — L'ennemi a été repoussé au-delà du grand Châtre. — Nos troupes ont couché sur leurs positions du matin. — Les prisonniers avouent avoir eu des pertes considérables. — Chez l'ennemi, le général de division Bavarois, Stéphan, a reçu deux blessures, en avant de Saint-Laurent-des-Bois. — L'ennemi a été repoussé à Marolle.

.*.

Tours, le 9 Décembre 1870, 1 heure »» m. matin.

La translation du siége du Gouvernement de Tours à Bordeaux a été décidée aujourd'hui ; elle aura lieu dans la journée de demain. Continuez à adresser vos dépêches à Tours jusqu'à demain soir, 9 décembre, à minuit. Ne soyez pas inquiets de cette translation qui a uniquement pour but d'assurer la parfaite liberté des mouvements stratégiques des deux armées composées avec l'armée de la Loire.

La situation militaire malgré l'évacuation d'Orléans est bonne et le général Chanzy depuis deux jours lutte avec succès contre Frédérick Charles et le refoule. Nos ennemis jugent eux-mêmes leur situation critique, j'en ai la preuve. — Patience et courage, nous nous tirerons d'affaire. Ayez de l'énergie, réagissez contre les paniques, défiez-vous des faux bruits et croyez en la bonne étoile de la France.

Mes collègues se rendent à Bordeaux. Je pars demain pour l'armée de la rive droite de la Loire, entre Meung et Beaugency.

Léon GAMBETTA.

.*.

Tours, le 9 Décembre 1870, 2 heures 56 m. soir.

L'armée du général Chanzy, attaquée hier sur toute la ligne par l'armée du prince Frédérick Charles, a tenu toute la journée et a couché sur les mêmes positions que la veille. Nous n'avons pas encore de détail sur cette seconde journée.

.*.

Bordeaux, le 12 Décembre 1870, 7 heures 5 m. soir.

Les embarras matériels de la translation des services de Tours à Bordeaux ont été la seule cause de l'interruption des dépêches de guerre. — La dernière affaire importante de l'armée du général Chanzy est du dix et a duré de huit heures du matin à cinq heures 1|2. Dans cette journée 300 prisonniers ont été faits et le village d'Aurigny repris. Les prisonniers ont confirmé pertes ennemies considérables le 9 et le 10. Nos mitrailleuses ont fait nombreuses victimes. De notre côté, pertes sensibles.

Dans le Val de la Loire l'ennemi paraît prononcer son mouvement sur la rive gauche.

Rien de nouveau de l'armée de Bourges.

En Normandie, l'ennemi occupe Evreux, a évacué Elbeuf et Oissel. — Dans un engagement hier à Beaumont-le-Roger, il a perdu 50 tués ou blessés ; nous avons seulement trois tués, cinq blessés.

*
* *

Bordeaux, le 15 Décembre 1870, 11 heures 50 m. matin.

Aucun engagement à signaler. — Sur la rive gauche de la Loire, l'ennemi a paru à Contres, à Montrichard et à Romorantin.

Dans l'Ouest, il occupe Concher, il a évacué Verneuil et Dreux.

En Bourgogne, quelques cavaliers sont entrés à Saint Jean-de-Losne.

*
* *

Bordeaux, le 16 Décembre 1870, 4 heures m. soir.

Le grand-duc de Mecklembourg a dirigé, mercredi, une très-vive attaque sur Fréteval qu'il a occupé fortement dans la nuit, mais qui lui a été repris hier. — Réuni à des troupes de Frédérick Charles, il a engagé, hier, un combat en avant de Vendôme. — Nos troupes ont bien résisté ; on s'est battu jusqu'à la nuit. — L'ennemi paraît avoir essuyé de grandes pertes.

Entre Briare et Gien, trois bataillons bavarois ont été poursuivis jusque dans Gien par des Mobiles. Le 11, un convoi prussien a été enlevé entre Chauny et La Fère par des troupes de l'armée du Nord qui ont fait une centaine de prisonniers. — Le Havre est de nouveau menacé par l'ennemi.

* * *

Bordeaux, le 18 Décembre 1870, 1 heure 50 m. soir.

L'Armée du général Chanzy a soutenu, hier, quelques escarmouches sans importance. — L'ennemi paraît s'éloigner de nouveau du Havre, mais, cette fois, dans la direction d'Amiens.

* * *

Bordeaux, le 18 Décembre 1870, 7 heures, 20 m. soir.

NOUVELLES DE PARIS, PAR BALLON DAVY,

du 17, Tombé à Beaune (Côtes-d'Or).

Aujourd'hui Paris continue a être calme, résolu, confiant; nous avons des vivres pour longtemps; l'armée et la population sont pleines d'ardeur.

* * *

Bordeaux, le 19 Décembre, 3 heures 55 m. soir.

24,000 Prussiens avec 11 batteries d'artillerie ont attaqué Nuits, hier, et l'ont occupé, après un combat acharné qui a duré jusqu'à 5 heures et dans lequel ils ont éprouvé de grandes pertes. — Les nôtres, bien que sensibles, sont beaucoup moindres. — On s'attend à de nouveaux engagements de ce côté. — Près du Havre, 60 cavaliers sont venus jusqu'à St-Romain. Les francs-tireurs les ont dispersés.

* * *

Bordeaux, le 19 Décembre, 4 heures 50 m. soir.

Depuis quelques jours les fausses nouvelles sont répandues avec une persistance et une malignité incroyables. — Certains journaux empressés à les reproduire et à les commenter semblent obéir à un mot d'ordre. — Je ne saurais trop vous engager à tenir les populations en garde contre de pareilles manœuvres qui n'ont d'autre but que de dérouter l'opinion et d'énerver la fibre patriotique. — Il faut que les départements imitent la confiance et la fermeté d'âme de Paris.

Les messagers Prussiens, introduits dans ses murs, ne réussissent même pas à émouvoir. — Le Gouvernement de la République tient à honneur de ne rien cacher à la vérité. Tenez donc pour certain que les nouvelles de guerre qui ne vous sont point communiquées par nos bulletins quotidiens sont apocryphes. Lorsque nous gardons le silence, c'est qu'il n'y a aucun fait accompli à signaler.

Quant aux mouvements stratégiques, tout le monde comprendra la réserve que nous devons garder. Soyons patients, calmes et courageux. — A Paris, comme sur les rives de la Loire, la situation est bonne. — Si l'œuvre de la résistance nationale n'est entravée par aucune défaillance, si tous les bons citoyens, au lieu de se laisser aller à des paniques inexplicables savent élever leurs résolutions à la hauteur des circonstances, l'heure de la revanche sera prochaine.

Telle est notre inébranlable foi. — Aidez-nous à la faire partager par les populations, en agissant contre les faux bruits qui, dans les circonstances actuelles, sont une véritable conspiration contre la Patrie.

⁎

Bordeaux, le 20 Décembre, 3 heures 30 m. soir.

On ne signale aujourd'hui qu'un engagement près de Brionne (Eure), entre les francs-tireurs Seine-et-Oise et 200 Prussiens qui ont été délogés à la bayonnette des hauteurs boisées et ont fui en déroute sur Bourgthéroulde, amenant de nombreux morts et blessés ; de notre côté 2 blessés.

⁎

Bordeaux, le 20 Décembre, 6 heures 50 m. soir.

Les informations que le Gouvernement vient de recevoir de Paris lui permettent de démentir, de la manière la plus catégorique, les bruits de désordre dans la rue et de répression violente dont certains journaux se sont faits les propagateurs.

Les seuls faits regrettables qui puissent être signalés sont des infractions à la discipline militaire qui ne forment, du reste, qu'une infime exception parfaitement circonscrite et qui ont entraîné la dissolution de deux bataillons de la garde nationale : celui des tirailleurs de Belléville et celui des volontaires du 147me.

M. Flourens a été renvoyé devant un Conseil de guerre, à raison de faits auxquels la politique est étrangère, sous la prévention d'une usurpation d'insigne et de commandement militaire.

Un certain nombre de volontaires de Belleville sont traduits devant la même juridiction pour désertion en présence de l'ennemi. Il ne s'est produit, ni à l'occasion de ces faits particuliers, ni en aucune autre circonstance, aucun symptôme de discorde civile.

L'esprit d'union et de patriotisme n'a fait, au contraire, qu'aller en s'exaltant.

***

Bordeaux, 21 Décembre 1870, 2 heures 50 m. du soir.

Divers engagements ont eu lieu hier aux environs de Tours qui est menacé de près du côté de la ligne de Vendôme.

En Normandie, l'ennemi continue à se fortifier ; à Bourgteroulde, un petit détachement de cavalerie venu à Glos (Montfort), pour le télégraphe, a été repoussé par Mobiles.

Un nouvel engagement paraît avoir eu lieu hier vers Nuits, mais les détails manquent.

***

Bordeaux, le 21 Décembre 1870, 6 heures 30 m. du soir.

M. Gambetta, Ministre de l'Intérieur et de la Guerre, poursuivant la tâche qu'il s'est donnée de se rendre compte lui-même de l'état de nos forces militaires, a quitté Bourges pour se rendre à Lyon.

***

Bordeaux, le 21 Décembre 1870, 6 heures 40 m. du soir.

Une dépêche du Préfet du Rhône vient d'informer le Gouvernement qu'un épouvantable forfait a été commis hier à Lyon. Un des chefs de bataillon de la Garde nationale de la Croix-Rousse, républicain éprouvé, a été saisi sous un prétexte futile et fusillé par une bande de misérables, probablement stipendiés par les ennemis de la République et de la France.

L'exécution a eu lieu après un simulacre de jugement qui ajoute, si c'est possible, à l'odieux du crime. La dépêche qui apporte ces détails disait : « Lyon est consterné et indigné, mais tranquille, l'ordre ne sera pas troublé. » — A la réception de la dépêche, M. le garde des Sceaux, Ministre de la Justice, a donné l'ordre de poursuivre énergiquement les coupables. — De son côté, M. le Ministre de l'Intérieur et de la Guerre télégraphie de Lyon à ses collègues du Gouvernement : « Le crime commis hier a indigné la population. — On recherche activement les assassins pour que justice exemplaire, expiatoire, soit faite. »

***

Bordeaux, le 22 Décembre 1870, 3 heures 30 m. du soir.

Le 20, un engagement a eu lieu à Monnaïe et à Notre-Dame-Doué et a duré une partie de la journée. Nous avons infligé des pertes sérieuses à l'ennemi et fait 60 prisonniers, mais avons fait retraite devant forces très-supérieures. Nous avons éprouvé dans cette retraite des pertes sensibles.

Hier, des cavaliers ennemis, arrivant à Tours, ont été accueillis par coups de feu qui en ont blessé trois ou quatre.

Des obus ont été lancés sur la ville et ont fait quelques victimes. Le drapeau parlementaire a été hissé, le maire a obtenu la cessation de la canonnade ; l'ennemi n'est pas entré dans la ville. — On annonçait que les Prussiens sont arrivés le 20, à Auxerre, au nombre de 7 à 8,000 hommes.

⁎⁎⁎

Bordeaux, le 22 Décembre 1870, 5 heures 45 m. du soir.

Un messager du Gouvernement arrivé par ballon à Beaufort (Maine-et-Loire), annonce qu'il a laissé Paris en excellent état. — Les opérations militaires avaient recommencé hier matin. Nous avons eu un combat d'artillerie qui nous a été favorable. La villa Evrard et la Maison-Blanche ont été prises par le général Vinoy. Le général Ducrot a livré un combat en avant de Broncey. — L'ennemi n'est pas entré à Tours, il s'est replié vers Château-Renault.

⁎⁎⁎

Bordeaux, le 25 Décembre 1870, 5 heures du matin.

Le rapport militaire sur la journée du 21, sous Paris, dit que les opérations commencées ont été interrompues par la nuit. — A l'Est, nous avons occupé Neuilly-sur-Marne, Ville-Evrard, Maison-Blanche, et éteint, sur tous les points, le feu de l'ennemi, après un combat d'artillerie très-vif. — Au Nord-Est, l'amiral La Roncière, avec troupes de Saint-Denis, a attaqué le Bourget, mais n'a pu s'y maintenir ; est revenu avec une centaine de prisonniers. Le général Ducrot a fait alors une violente attaque contre les batteries de Pont-Iblon et Blanmesnil. — A l'Ouest, le général Noël a fait une démonstration sur Montretout et Buzenval. La Garde mobile a pris part à l'action avec une grande ardeur. — Le soir, le général Ducrot occupait la ferme de Groslay et le Grand-Drancy ; Trochu passait la nuit avec les troupes sur le lieu de l'action. — Les troupes de l'amiral La Roncière ont fait des pertes assez sérieuses ; les autres corps ont peu souffert.

Hier, à Lyon, le Ministre de l'Intérieur et de la Guerre a assisté avec le Préfet du Rhône à l'enterrement du commandant Arnaud, que toute la population suivait. Il a partout été acclamé, surtout à la Croix-Rousse. — Il se confirme que le crime n'est imprétable à aucun parti politique. — L'instruction se poursuit activement. — Plusieurs arrestations ont été faites.

.*.

Bordeaux, le 24 Décembre 1870, 12 heures 50 m. du soir.

Hier, l'armée du Nord a livré bataille de 11 à 6 heures à Pont-Noyelle. Elle est restée maîtresse du champ de bataille après un long combat d'artillerie terminé par une charge de l'infanterie sur toute la ligne.

L'ensemble des renseignements de la Loire indique que l'ennemi renonce à poursuivre sa marche au-delà de Tours, et que même il se replie sur Orléans.

De nouveaux renseignements sur l'affaire de Nuits, du 18, permettent d'affirmer que cette journée a été avantageuse. Le général Crémer, avec moins de 10,000 hommes, dont beaucoup voyaient le feu pour la première fois, et trois batteries, a soutenu jusqu'à la nuit close un combat contre des forces très-supérieures appuyées par 7 batteries. L'ennemi n'est entré dans la ville qu'à la faveur de l'obscurité et a dû l'abandonner dès quatre heures du matin. Notre retraite, faite en bon ordre, n'a pas dépassé un rayon d'un kilomètre. Les pertes avouées par l'ennemi, quatre fois plus considérables que les nôtres. Le prince Guillaume de Bade a été blessé mortellement. Depuis ce temps, l'ennemi n'a ni renouvelé son attaque, ni inquiété les positions du général Garibaldi. C'est de notre côté l'héroïque 1re légion des Mobilisés du Rhône qui a le plus souffert.

Le 20, Nuits était complètement abandonné par l'ennemi qui laissait nombre de morts dans les lignes, et nous reprenions possession des blessés que nous n'avions pu évacuer et d'un nombreux matériel.

Les nouvelles de Belfort annoncent une sortie du 20 au 21, désastreuse pour les assiégeants. Beaucoup de canons ont été encloués, et les villages environnants sont remplis de leurs blessés.

.*.

Bordeaux, le 26 Décembre, 5 heures 45 m. soir.

Les Prussiens, au nombre de 7,000 hommes, ont attaqué, le 24, une colonne de la garnison du Havre. — Après 2 heures de combat, ils ont perdu environ 200 hommes et un canon démonté; de notre côté, une centaine d'hommes hors de combat.

L'ennemi a évacué Bourgtheroulde et Elbeuf.

Rien d'important du côté de la Loire.

Mézières est complètement investi depuis hier.

Cette après-midi a eu lieu la remise des drapeaux à la Garde nationale de Bordeaux qui a défilé aux cris enthousiastes, mille fois répétés, de Vive la République.

*
* *

Bordeaux, le 27 Décembre, 5 heures 00 m. soir.

Sur la rive gauche de la Loire une petite colonne ennemie a attaqué hier Argent, à deux reprises, et a été repoussée par les populations des communes environnantes.

Avant-hier, Francs-Tireurs Lipowski ont enlevé un courrier allant de Châteauneuf (en Thimerays) à Nogent-le-Roi, et fait quelques prisonniers.

En Normandie, les Prussiens ont fait sauter le pont du chemin de fer, sur la route de Bolbec à Fécamp.

*
* *

Bordeaux, le 27 Décembre, 9 heures 59 m. soir.

GÉNÉRAL CHANZY A MINISTRE DE LA GUERRE

A la suite d'un fait inouï, dont je vous adresserai la constatation, j'ai envoyé, par parlementaire, protestation au commandant prussien, à Vendôme, et adressé à l'armée la protestation ci-après :

Le général en chef porte à la connaissance de l'armée la protestation ci-après, qu'il adresse, par parlementaire, au commandant des troupes prussiennes, à Vendôme. sûr d'avance que chacun partagera son indignation et son désir de venger de telles injures.

Commandant prussien, Vendôme,

J'apprends que des violences inqualifiables ont été exercées par des troupes sous vos ordres sur la population inoffensive de St-Calais. Malgré nos bons traitements pour vos malades et vos blessés, vos officiers ont exigé de l'argent et ordonné le pillage. C'est un abus de la force, qui pésera sur vos consciences et que le patriotisme de nos populations saura supporter. — Mais, ce que je ne puis admettre, c'est que vous ajoutiez à cela l'injure, alors que vous savez qu'elle est gratuite. Vous avez prétendu que nous étions les vaincus : cela est faux : nous vous avons battus et tenus en échec depuis le 4 de ce mois. Vous avez osé traiter de lâches des gens qui ne peuvent vous répondre, prétendant qu'ils subissaient la volonté du Gouvernement de la défense nationale qui les obligeait à resister, alors qu'ils voulaient la paix et que vous la leur offriez : je proteste avec le droit que me donne de vous parler ainsi la résistance de la France entière et celle que l'armée vous oppose et que vous n'avez pu vaincre jusqu'ici.

Cette communication a pour but d'affirmer de nouveau ce que cette résistance vous a déjà appris. Nous lutterons avec la conscience du droit et la volonté de triompher, quels que soient les sacrifices qui nous restent à faire ; nous lutterons à outrance, sans trève ni merci parce qu'il s'agit aujourd'hui de combattre non plus des ennemis loyaux, mais des hordes de dévastateurs qui ne veulent que la ruine et la honte d'une nation, qui prétend, elle, conserver son honneur, son indépendance et son rang. A la générosité avec laquelle nous traitons vos prisonniers et vos blessés, vous répondez par l'insolence, l'incendie et le pillage. Je proteste, avec indignation, au nom de l'humanité et du droit des gens que vous foulez aux pieds.

Le présent ordre sera lu aux troupes à trois appels consécutifs.

Au quartier-général, au Mans, le 26 décembre 1870.

Le général en chef,

Signé : DE CHANZY.

*⁎⁎

Bordeaux, le 28 Décembre, 12 heures 45 m. soir.

Les dépêches de cette nuit annoncent l'évacuation préci-
pitée de Dijon par les Prussiens à l'approche de nos
troupes.

Quelques cavaliers ennemis ont paru à Pont-Levoy, où
ils ont fait quelques réquisitions et sont repartis.

De nouveaux renseignements sur le combat de Pont-
Noyelles permettent d'affirmer de nouveau que cette journée a été un succès marqué pour l'armée du Nord. Nos
troupes ont fait quelques prisonniers et pris des blessés ;
elles n'ont laissé sur le terrain ni un homme ni un canon,
et elles ont ramassé le lendemain les fusils des tués.

* * *

Bordeaux, le 28 Décembre, 2 heures 55 m. soir.

Nouvelles de Paris

par ballon TOURVILLE *tombé à Eymontiers*

avec toutes ses dépêches.

Depuis le 21, le froid excessif a entravé les opérations
et empêché les travaux de terrassements.

Des mesures prises pour sauvegarder la santé des troupes
n'impliquent en aucune façon abandon des opérations commencées. — Le Gouvernement et le peuple de Paris sont
plus que jamais décidés à continuer la défense au prix de
tous les sacrifices, jusqu'à victoire définitive. — Le 26, la
Garde nationale mobilisée a délogé un bataillon saxon du
parc de la Maison-Blanche.

Le Ministre de l'Intérieur et de la Guerre est arrivé à
Bordeaux.

* * *

Bordeaux, le 29 Décembre, 5 heures 25 m. soir.

L'ennemi, après Dijon, a évacué Gray, continuant avec
précipitation son mouvement de retraite sur Vesoul.

Le 27, une colonne mobile, détachée de l'armée du général Chanzy, a eu un engagement assez vif avec l'ennemi.

Vers Montoire, l'ennemi, poursuivi 5 kilomètres au-delà de cette ville, s'est retiré sur Château-Renault, laissant une centaine prisonniers, des caissons, des équipages, 2 officiers tués, plusieurs blessés.

Des Francs-Tireurs ont mis en déroute, le même jour, quelques éclaireurs ennemis, entre Pougouin et la Loupe.

***

Bordeaux, le 30 Décembre, 2 heures 16 m. soir.

NOUVELLES DE PARIS

par ballon LE BAYARD tombé près la Roche-sur-Yon.

Le 28, Prussiens ont dirigé attaque furieuse contre forts Nogent, Rosny et le plateau d'Avron ; ils ont démasqué des batteries de siége et tenté le bombardement : ils ont été repoussés avec pertes considérables.

L'état moral de Paris est excellent. L'ennemi vient d'évacuer Auxerre, emmenant son préfet et ses malades, même mourants.

***

Bordeaux, le 31 Décembre, 3 heures 00 m. soir.

Un Officier adresse à la Guerre le télégramme suivant :

J'ai voyagé, hier, avec Dacoux, ancien Préfet de Police, ancien Représentant du Peuple, sorti de Paris, hier, en ballon.

Les attaques des Prussiens à Avron ont été glorieusement repoussées.

CARNAGE DE PRUSSIENS, 7 A 8,000 TUÉS.

Le même soir, les Mobiles donnaient un concert au profit des pauvres.

Paris est énergique, régénéré, antique ; si quelqu'un

osait y parler de capitulation, il serait fusillé sur place. — Paris peut tenir largement jusqu'à la fin de février.

Du Nord, le général Faidherbe télégraphie qu'il a recommencé ses opérations et qu'il a parcouru le pays autour d'Arras sans rencontrer de troupes ennemies.

⁎

Bordeaux, le 1ᵉʳ Janvier 1871, 2 heures 35 m. soir.

NOUVELLES DE PARIS PAR BALLON « ARMÉE DE LA LOIRE »

Bombardement de Noisy, Rosny et Nogent, par projectiles énormes, perte presque nulle de notre côté, le plateau d'Avron n'ayant pas de casemates pour garnison, a été évacué la nuit sous la direction du général Trochu, pour ménager nos troupes. — Paris inébranlable accepte avec joie la lutte à outrance.

En Normandie, nos troupes ont repris les hauteurs de la Bouille-Orival et du château de Robert-le-Diable ; cette dernière position, reprise un instant hier par l'ennemi, a été de nouveau enlevée.

⁎

Bordeaux, le 1ᵉʳ Janvier 1871, 11 heures 30 m. du soir.

Aujourd'hui 1ᵉʳ janvier a eu lieu à Bordeaux une imposante manifestation. La population avait voulu prouver son dévouement au Gouvernement de la République. Plus de 50,000 personnes se sont réunies autour de la Préfecture où est descendu M. le Ministre de l'Intérieur et de la Guerre. Deux adresses ont été présentées aux Membres de la délégation du Gouvernement. M. Gambetta a prononcé, du balcon de la Préfecture, une allocution dont on a recueilli les passages suivants :

MES CHERS CONCITOYENS,

A la vue de ce magnifique spectacle, en face de tous ces citoyens assemblés pour saluer l'aurore d'une année nouvelle, qui n'aurait confiance dans le succès dû à la persévérance et à la ténacité de nos efforts ; succès mérité pour deux raisons : la première, parce que la France n'a pas douté d'elle-même ; la seconde, parce que seule dans l'univers entier la France représente aujourd'hui la justice et le droit. (*Acclamations prolongées.*)

Oui, qu'elle soit à jamais close, qu'elle soit à jamais effacée de notre mémoire, si faire se peut, cette horrible année 1870, qui, si elle nous a fait assister à la chûte du plus imposteur et du plus corrupteur des pouvoirs, nous a livrés à l'insolente fortune de l'étranger.

Il ne faut pas l'oublier, citoyens, cette fortune contre laquelle nous nous débattons aujourd'hui, elle est l'œuvre même des intrigues de Bonaparte au dehors. A chacun sa responsabilité devant l'histoire. C'est dans cette ville, c'est ici même que l'homme de décembre et de Sédan, l'homme qui a tenté de gangrener la France, prononça cette imposture : « l'Empire, c'est la paix; » et tout ce règne subi, il faut le reconnaître pour notre propre expiation, — car nous sommes coupables de l'avoir si longtemps toléré, et rien dans l'histoire n'arrive de juste ou d'injuste qui ne porte ses fruits, — ce règne de vingt ans, c'est parce que nous l'avons subi qu'il nous faut subir aujourd'hui l'invasion étrangère jusque sous les murs de notre glorieuse capitale; et c'est parce qu'on avait altéré systématiquement dans ce pays toutes les sources de la force et de la grandeur, c'est parce que nous avons perdu le ressort sans lequel rien ne peut durer ni triompher dans ce monde, l'idée du devoir et de la vertu, qu'on a pu croire un moment que la France allait disparaître. (*Applaudissements prolongés.*)

C'est à ce moment que la République, apparaissant pour la troisième fois dans notre histoire, a assumé le devoir, l'honneur et le péril de sauver la France. (*Cris enthousiastes de Vive la République !*)

Ce jour là, — c'était le 4 septembre, — l'ennemi s'avançait à grandes journées sur Paris; nos arsenaux étaient vides; notre armée à moitié prisonnière; nos ressources, de tous côtés disséminées, éparpillées; deux pouvoirs : un pouvoir captif, un pouvoir fuyard ; une Chambre, que sa servilité passée rendait incapable de saisir le gouvernail. Oh ! ce jour là, nul ne contestait la légitimité de la République. Ce fut plus tard, lorsque la République eut mis Paris dans cet état d'inviolabilité sacrée (*bravos*); lorsqu'il fut établi que la République avait tenu sa promesse du 4 septembre, sauver l'honneur du pays, organiser la défense et maintenir l'ordre; lorsqu'il fut démontré, grâce à la République, que la France ne saurait périr, qu'elle doit triompher, que par elle le droit doit finir par primer la force ; ce fut alors que ses adversaires dont elle assure aujourd'hui la quiétude et la sécurité, commencèrent à contester sa légitimité et à discuter ses origines. (*Acclamations prolongées. — Vive la République* !)

La République est hors de question, elle est immortelle. Ne confondez pas, d'ailleurs, la République avec les hommes de ce gouvernement que le hasard des événements a portés passagèrement au pouvoir. Ces hommes, quand ils auront rempli leur tâche, qui est d'expulser l'étranger, ils descendront du pouvoir et ils se soumettront au jugement de leurs concitoyens.

Cette tâche, cette mission qu'il faut conduire jusqu'au bout, qu'il faut accomplir à tout prix jusqu'à l'entière immolation de soi-même, ce succès qu'il faut atteindre sous peine de périr déshonoré, implique deux conditions essentielles : la première, la garantie et le respect de la liberté de tous, de la liberté complète, de la liberté jusqu'au dénigrement, jusqu'à la calomnie, jusqu'à l'injure ; la seconde, le respect par tous, amis et dissidents, du droit et de la puissance gouvernementale. Le langage doit être libre comme la pensée, respectée dans tous ses écarts, jusqu'à cette limite fatale où il deviendrait une révolution et engendrerait des actes. Si on franchissait cette borne, — et j'exprime ici l'opinion de tous les membres du Gouvernement, — vous pouvez compter sur une énergique répression... (*Applaudissements prolongés.*)

Je ne veux pas terminer sans vous dire que le Gouvernement ayant pour unique base l'opinion, nous n'exprimons, nous ne servons et n'entendons servir que l'opinion à l'encontre des Gouvernements despotiques qui nous ont précédés et n'ont servi que leur convoitise dynastique.

Je remercie la patriotique population de Bordeaux ainsi que la population accourue des villes et campagnes voisines, du concours éclatant qu'elles apportent au Gouvernement républicain dans l'importante manifestation de ce premier jour de l'année 1871. Je les remercie surtout au nom de nos chers assiégés, au nom de notre héroïque Paris dont l'exemple nous soutient, nous garde et nous enflamme. Ah ! que ne sont-ils témoins, nos chers assiégés, de toutes les sympathies, de tous les dévouements que suscite leur vaillance : leur foi dans le succès s'en accroîtrait encore, si toutefois elle peut s'accroître. Nous leur transmettons vos vœux, citoyens. Puissions-nous bientôt, nous frayant un passage à travers les lignes ennemies, les leur porter de vive voix avec l'expression de l'admiration du monde et de la profonde et impérissable gratitude de la France. *Vive la République!*

Une émotion indescriptible s'empare de tout cet immense auditoire, *acclamations prolongées.* Les cris redoublent :

VIVE LA RÉPUBLIQUE ; VIVE PARIS ; VIVE GAMBETTA ; VIVE LA RÉPUBLIQUE !

***

Bordeaux, 2 Janvier, 5 heures 45 m. soir.

Hier, une reconnaissance a rencontré, entre Château-renault et Vendôme, un peloton de hussards ennemis et deux compagnies d'infanterie. L'ennemi a subi des pertes et a été poursuivi jusqu'à petite distance de Vendôme.

La journée du 31, dans la Seine-Inférieure, a coûté à l'ennemi plus de 300 tués ou blessés, criblés, du Château-du-Robert, par des francs-tireurs et des mobiles de l'Ardèche. De notre côté, 25 tués, et 60 à 80 blessés. Dans l'Est, quelques engagements ont eu lieu près de Gray et sur la ligne de Beaune, à l'Isle-sur-Doubs.

Des deux côtés, l'ennemi a été repoussé.

***

Bordeaux, le 3 Janvier, 4 heures 10 m. soir.

Quelques engagements ont eu lieu dans la région du Loire, le 31 décembre. Une reconnaissance a poursuivi, de la Bazoche-Gouët à Courtalin, un détachement prussien qui a laissé 65 morts sur le terrain.

Le 1er, pendant que les avant-postes ennemis étaient repoussés à Longpré et Saint-Amand, les cavaliers algériens avaient un brillant engagement en avant de Lavardin.

— Le 2, un parti ennemi a été surpris à Lancé, nous a laissé 15 prisonniers, un convoi fourrage et bestiaux, a eu 10 hommes hors combat et s'est enfui vers Vendôme.

— A Huisseau, nos tirailleurs, sans éprouver de pertes, ont fait du mal à l'ennemi.

Des Francs-Tireurs lyonnais ont été attaqués hier, à Chancéaux, route de Dijon à Baigneur. Ils ont mis l'ennemi en déroute et l'ont poursuivi 10 kilomètres, lui tuant 80 à 100 hommes et 7 chevaux. De notre côté, 3 morts, 6 blessés, 2 prisonniers.

On signale, de Lille, le bruit de la capitulation de Mézières, après bombardement.

**

Bordeaux, le 4 Janvier, 11 heures, 30 m. matin.

Le général Faidherbe écrit d'Avesnes-lès-Bapaume : Aujourd'hui 3 janvier, bataille sous Bapaume, de huit heures du matin à six heures du soir. Nous avons chassé les Prussiens de toutes les positions et de tous les villages. Ils ont fait des pertes énormes; et nous, des pertes sérieuses.

**

Bordeaux, le 5 Janvier, 3 heures 30 du soir.

Le Gouvernement a reçu du général Faidherbe des détails qui donnent au succès de Bapaume une sérieuse importance.

Le 1er janvier, l'armée du Nord a quitté les lignes de la Scarpe pour se cantonner devant Arras. Le 2, elle s'est mise en marche sur Bapaume, a enlevé Achet-le-Grand et Bihucourt, eût valeureuse attaque de Behagnies échouée, mais l'ennemi, se voyant tourné par Achet, évacua Behagnies dans la nuit. Le 3, au matin, action a repris sur toute la ligne ; nous avons enlevé successivement Sapignies, Favreuil, Biefviller, Avesnes, les Bapaume, Gevillers et Ligny-Tilloy, à six heures soir, les Prussiens étaient repoussés de tout le champ de bataille, couvert de leurs morts; de nombreux blessés et prisonniers restaient entre nos mains.

Hier, les troupes qui opéraient, dans la Boucle de la Seine, ont été débusquées de la forêt de la Landé par des forces ennemies très-supérieures, et malgré une vive résistance, ont dû évacuer le château de Robert et Bourghteroulde.

On transmet, de l'Orne, une dépêche arrivée par ballon monté, annonçant que le bombardement des forts de l'Est continue sans causer pertes sérieuses d'hommes, ni dégâts matériels.

L'esprit de Paris s'exalte, loin de s'affaiblir.

⁎

Bordeaux, le 7 janvier, 5 heures 40 m. du soir.

Hier, l'ennemi a attaqué nos positions à Villechauve, Villeporcher et St-Cyr-du-Gault, et a d'abord forcé la ligne jusqu'à Neuville. Nos troupes ont pris l'offensive, réoccupé toutes leurs positions et sont entrées à la nuit dans St-Amand. L'ennemi s'est retiré vers Vendôme, laissant de nombreux blessés et prisonniers et paraît avoir beaucoup souffert.

Sur la ligne du Mans, l'ennemi a réoccupé la position de la Fourche et menacé de nouveau Nogent-le-Rotrou.

Près du Hâvre, une reconnaissance ennemie a apparu à Gainneville, a lancé quelques obus sur le village et a été repoussée par mobilisés de la Seine-Inférieure.

Les Prussiens ont levé le siège de Langres, ils sont revenus à Auxerre hier vers midi.

⁎

Bordeaux, le 8 Janvier, 5 heures 52 m. du soir.

D'après rapports d'ensemble, sur la journée du 6, le général Jouffroy a dû abandonner quelques positions, sur le soir, pendant que le général de Curten repoussait l'ennemi.

Hier, de grandes forces ont attaqué nos avant-postes dans les environs de Vendôme.

Il y a eu, vers Villeporché, une petite rencontre où nous avons fait des prisonniers. Quelques mobiles de l'Isère ont manqué à l'appel.

Des incursions de cavalerie ennemie sont signalées dans l'Eure.

⁎

Bordeaux, le 9 Janvier 1871, 4 heures 3 m. du soir.

Hier, quelques cavaliers ont paru à Mortagne; nos avant-postes ont été attaqués sur la route de Bellème à Nogent, vers deux heures. L'ennemi, après avoir fait un feu violent d'artillerie, s'est retiré, poursuivi près de deux heures, par nos Mobilisés, laissant 18 prisonniers.

Le 7, Garibaldiens attaqués près Semur, à Chevigny-Millery; ont repoussé l'ennemi sur route de Montbard, avec quelques pertes.

* *

Bordeaux, le 10 Janvier 1871, 12 heures 30 m. du matin.

Les troupes du Château-Renault ont été hier très-violemment attaquées sur la ligne de St-Cyr-du-Gault à Authon. Toutes nos positions ont été conservées, à l'exception du village d'Authon.

Un engagement paraît avoir eu lieu en même temps sur la ligne de Bretagne, près de Theil. Les détails manquent sur ces deux combats.

Nous recevons de l'armée de l'Est, les nouvelles suivantes. Nous les donnons telles qu'elles nous parviennent à l'instant même.

Gourgeon (Haute-Saône), 9 Janvier 1871, 7 heures 40 m. du soir.

La bataille finie à 7 heures. La nuit seule nous empêche d'estimer l'importance de notre victoire. Le général en chef couche au centre du champ de bataille, et toutes les positions, assignées à l'armée pour ce soir, par l'ordre général de marche d'hier, sont occupées par elle. Villersexel, clef de la position, a été enlevé aux cris de :
Vive la France! Vive la République!!!
A demain les résultats.

* *

Bordeaux, le 11 Janvier 1871, 3 heures 50 m. du soir.

Les armées de Frédérick-Charles et de Mecklembourg ont redoublé d'efforts, hier, dans leur attaque contre l'armée de Chanzy. Pressées de tous côtés, nos colonnes ont dû se retirer sur les positions définitives qui leur avaient été assignées à l'avance.

L'action a été des plus vives à Montfort, à Champagne, à Parigné-l'Evêque, à Jupille, à Changé. Sur ce dernier point, la brigade Ribel, après une vive résistance de plus de six heures, a dû abandonner le village à l'ennemi.

Nous avons fait des pertes sensibles ; mais l'ennemi a plus souffert que nous, de l'aveu des prisonniers faits sur plusieurs points.

Le général Bourbaki a télégraphié cette nuit :

« La nuit dernière a été passée à expulser l'ennemi de celles des maisons de Villersexel dont il nous dispute encore la possession. Ce matin, les derniers ennemis évacuent cette ville, ou se constituent prisonniers. Tous ceux qui ont été amenés jusqu'à présent sont de nationalité prussienne.

A plus tard détails circonstanciés sur l'enlèvement des positions que j'avais prescrit d'occuper. »

Nous recevons à l'instant des nouvelles de Paris par ballon Képler, tombé à Laval ce matin, 11 heures.

« Paris, mardi, 11 heures du soir.

« Rapport militaire dit reconnaissance faite sur avant-postes prussiens avoisinant railway Strasbourg. Nos troupes, assaillies par fusillade, chargèrent baïonnette ennemi qui s'enfuit. — Maisons occupées par Prussiens, continuant à tirer, refusant se rendre, furent minées. Prussiens sautèrent avec maisons. Nous avons eu 7 blessés.

« Autre reconnaissance faite simultanément vers Clamart pour détruire travaux ennemis à Moulin-de-Pierre ; opération complètement réussie. Nos troupes, qui ont ramené quelques prisonniers, ont eu 1 mort et 3 blessés.

• Bombardement continue aujourd'hui, moins violent, contre forts Vanves, Montrouge, mais plus violent contre fort Issy. Les 6me, 7me, 8me et 9me secteurs ont reçu quelques obus. Nos batteries ripostent vigoureusement. »

Journal officiel dit pendant nuit, dimanche, lundi, obus prussiens ont atteint plusieurs hôpitaux, ambulances, écoles, musées, églises Saint-Sulpice, Sorbonne, Val-de-Grâce, nombreuses maisons particulières.

Renseignements particuliers. — On entend ce soir violente canonnade : on assure Prussiens recommencent envoyer obus à toute volée sur quartiers rive gauche.

* *

Bordeaux, le 11 Janvier 1871, 12 heures »» m. du soir.

Le ballon LE GAMBETTA, *parti hier soir de Paris, et tombé dans la Nièvre, près de Clamecy, nous apporte les trois dépêches suivantes :*

AU GOUVERNEMENT DE BORDEAUX.

Le rapport militaire du 9, au soir, dit plusieurs engagements ont eu lieu, hier, vers Malmaison. — Ce matin, l'ennemi a renouvelé, pour la quatrième fois, sa tentative contre Maison-Crochard et poste Carrières, à la gauche de Rueil ; les Mobiles de la Loire, Indre et de l'Aisne ont repoussé l'ennemi en lui faisant éprouver des pertes sérieuses.

Les abords du Panthéon et le 9me secteur ont reçu, cette nuit, beaucoup d'obus, dont plus de 30 du plus gros calibre. — L'hospice de la Pitié a été atteint ; une femme y a été tuée ; les malades d'une autre salle ont dû être évacués dans une cave. — Le Val-de-Grâce a été également bombardé. L'ennemi semble prendre, pour objectif, les établissements hospitaliers de Paris, montrant, une fois de plus, par ces procédés odieux, son mépris des lois de la guerre et de l'humanité.

Pendant la nuit et vers le point du jour, les Prussiens ont tiré à toute volée sur la ville.

Le bombardement continue sur les forts du Sud ; il s'est fait avec moins de violence aujourd'hui que les jours précédents.

Des renseignements exacts évaluent à deux mille le nombre d'obus tombés, cette nuit, dans l'intérieur de Paris. Quelques femmes et des enfants ont été tués ou blessés.

Les nouvelles, apportées hier par un pigeon, ont produit un effet immense. La population est animée plus que jamais du sentiment et de la résolution d'une résistance opiniâtre.

Commissaire délégué à Stéenackers, directeur
des télégraphes & postes.

Paris, 10 heures du matin.

Enfin, la neige disparue, un de vos pignons nous est
arrivé le 8 janvier, au soir, apportant les dépêches officielles de la 2me série, numéros 35, 36, 37 et 38 et les
dépêches privées microscopiques de la page 1 à 63 de la
2me série et de 1 *bis* à 14 *bis*.

Nous sommes heureux des bonnes et nombreuses nouvelles apportées par votre messager; à l'heure qu'il est,
nous les déchiffrons encore.

Les Prussiens sont pressés et bombardent Issy, Vanves
et un peu Montrouge. Les obus tombent sur le Panthéon,
l'Odéon, Saint-Sulpice et dans la rue Babylone.

La population est admirable, aucun effroi.

Les nouvelles apportées par votre pigeon et connues le 9
par les journaux, redoublent tous les courages.

Vive la République!!!

⁎⁎

Leveillée, chef cabinet, administration télégraphique
à Stéenackers, Directeur général.

Paris, 10 Janvier.

Bombardement affaibli, sauf pendant la nuit. Obus nombreux sur le quartier Saint-Jacques.

Population raffermie par heureuses nouvelles de la province et plus de trente mille dépêches privées, arrivées par
votre pigeon, supporte l'épreuve sans broncher.

Le *Gambetta* vous porte des remerciments.

Vive Paris! Vive la France! Vive la République!!!

⁎⁎

Bordeaux, le 12 Janvier 1871, 3 heures 40 m. du soir.

Hier, un nouveau combat a eu lieu presque sous les murs
du Mans. L'ennemi nous a attaqués sur toute la ligne. Le
général Jauréguiberry s'est solidement maintenu sur la
rive droite de l'Huisne. Le général de Colomb s'est battu

six heures avec acharnement. Sur le plateau d'Amours, général Gougeard a eu son cheval percé de six balles. Nos
positions au-dessous de Changé et sur route de Parigné ont
été maintenues, excepté la Tuilerie enlevée à la nuit par
retour offensif de l'ennemi. Nous avons fait des prisonniers ;
ils évaluent l'ensemble des forces allemandes engagées ou
en réserve à 180,000 hommes. Les pertes de part et
d'autre, mal connues encore, sont sérieuses ; de notre côté,
deux colonels grièvement blessés.

*
* *

Bordeaux, le 12 Janvier, 7 heures 15 m. soir.

Nous vous communiquons deux dépêches du général
Chanzy, parvenues dans la journée :

Le Mans, le 12 Janvier, 8 heures 40 m. du matin.

Général Chanzy a guerre.

Nos positions étaient bonnes hier au soir, sauf à la Tuilerie où des mobilisés de la Bretagne ont, en se débandant,
entraîné l'abandon des positions occupées sur rive gauche
de l'Huisne. Le vice-amiral Jauréguiberry et les autres généraux croient que la retraite est commandée par les circonstances ; je m'y résigne, mais le cœur me saigne.

Le Mans, 12 heures 05 m. soir.

Général Chanzy a guerre.

Nous avons commencé notre mouvement de retraite,
que j'organise de manière à occuper, avec mes divers
corps, la ligne de....., les y reconstituer et reprendre mes
opérations.

*
* *

Bordeaux, le 13 Janvier, 6 heures 55 m. du soir.

Aucun événement militaire important.
L'évacuation de Vesoul par l'ennemi est confirmée.
Le 11, une reconnaissance a enlevé les grand-gardes

ennemies à Behagnies et Sapignies, tuant ou blessant une trentaine d'hommes, ramenant 57 prisonniers et 10 chevaux.

Une autre est entrée sans pertes à Bapaume; quelques Prussiens ont été pris ou tués.

* *

Bordeaux, le 14 Janvier 1871, 12 heures 50 m. nuit.

LE GÉNÉRAL BOURBAKI TÉLÉGRAPHIE :

Donans, le 13 Janvier, à 3 heures du soir.

Les villages d'Arcey et de Sainte-Marie viennent d'être enlevés avec beaucoup d'entrain sans que nos pertes aient été trop considérables, eu égard aux résultats obtenus; je gagne donc encore du terrain. Je suis très-content de mes généraux et de nos troupes.

Les derniers renseignements arrivés de la 2me armée apprennent que le général Chanzy a pu rallier sur un point assez rapproché du Mans la partie de ses troupes parmi lesquelles s'était produit un certain désordre dans la nuit du 11 au 12.

La retraite s'effectue dans un ordre aussi satisfaisant que possible.

* *

Bordeaux, le 16 Janvier 1871, 4 heures 20 m. soir.

Hier, l'armée du général Bourbaki s'est battue toute la journée; elle a occupé Montbeliard, le Château-Vyans, Cavey, Bians, Coisseveaux, Coutehenant et Chagey.

Une partie de l'armée de Chanzy a été de nouveau attaquée de la manière la plus pressante. — Le 2me corps a bien tenu et même fait des prisonniers. — Le 16e corps a soutenu une lutte acharnée. — L'amiral Jauréguiberry a eu son cheval tué sous lui et son chef d'état-major tué à ses côtés. — Les autres troupes ont opposé moins de résistance. — Malgré le mauvais temps et le trouble apporté par ces attaques, la retraite ordonnée continue sans abandon de matériel.

Nos troupes ont repris Gien, avant-hier.

Bordeaux, le 17 Janvier 1871, 3 heures 45 m. soir.

La retraite de l'armée de Chanzy s'est continuée hier dans d'assez bonnes conditions, malgré le très-mauvais temps. L'ennemi n'a été pressant sur aucun point. Nos reconnaissances ont même fait des prisonniers. L'ennemi est entré hier à Alençon où il avait eu la veille un engagement avec des francs-tireurs de Paris et des mobilisés.

L'armée du général Bourbaki s'est de nouveau battue toute la journée d'hier ; elle a pris la position Chenebier et sur tous les autre points, elle a conservé ses positions ; elle a occupé un instant quelques maisons d'Héricourt, n'a pas pu les conserver.

L'armée du Nord a avancé le 14 de Bapaume à Albert, où elle est entrée sans coup férir.

Le premier corps prussien s'étant replié devant elle, chaque jour, elle fait quelques prisonniers.

Le ballon le *Vaucanson*, tombé le 15 dans le Nord, confirme le peu d'effets matériels et moraux du bombardement de Paris.

**

Bordeaux, le 18 Janvier 1871, 5 heures 00 m. soir.

L'armée du général Bourbaki a de nouveau exécuté, hier, une attaque générale. — L'ennemi s'est tenu sur une défensive constante et a subi des pertes sérieuses ; mais, grâce aux renforts qu'il a reçus de tous côtés et à la valeur de la position qu'il occupait, il a pu résister à tous nos efforts et sa ligne n'a pas été entamée.

La ville d'Avallon, bombardée lundi, a eu une vingtaine de maisons plus ou moins atteintes, et a été abandonnée depuis par l'ennemi.

**

Bordeaux, le 19 Janvier 1871, 4 heures 00 m. soir.

Le 17, une brigade de l'armée du Nord a délogé quelques bataillons prussiens du bois de Buire près Templeux. Le même jour, un corps prussien a abandonné Vermand à l'approche de nos troupes.

Le 18, dès le matin, nos troupes ont été attaquées par une partie du corps du général Coetsin; une de nos divisions a combattu toute la journée dans une position en avant de Vermand, où elle s'est maintenue. Il y a eu hier des escarmouches près de Gien et près de Tours; l'ennemi s'est montré à Montlouis; près de la Hutte, les francs-tireurs Lipowski ont eu un petit engagement et ont tenu longtemps contre des troupes cinq ou six fois plus nombreuses.

.*.
* *

Bordeaux, le 20 Janvier 1871, 5 heures 15 m. soir.

Hier, la première armée prussienne a livré, autour de St-Quentin, une bataille acharnée à l'armée du Nord. — Nos troupes ont admirablement tenu et ont maintenu leurs lignes jusqu'à la nuit, mais le général en chef, à cause de la fatigue des hommes et pour éviter à la ville un bombardement, a dirigé, dans la nuit, ses troupes sur des positions en arrière de St-Quentin : avons fait des pertes sérieuses, mais celles de l'ennemi paraissent plus considérables.

Les dépêches des généraux Chanzy et Bourbaki ne signalent aucun incident notable.

Le ballon *la Poste*, parti de Paris le 18, à 3 heures du matin, est tombé en Hollande.

Rien de nouveau à Paris; le bombardement continue; quelques dégâts matériels, mais très-peu de morts; moral excellent.

.*.
* *

Bordeaux, le 21 Janvier 1871, 5 heures 00 m. soir.

Aucune nouvelle militaire à signaler dans les dépêches de cette nuit et de ce matin.

Occupation de Tours par ennemi, confirmée.

.*.
* *

Bordeaux, le 22 Janvier, 0 heure 00 m. du soir.

De nombreuses troupes ennemies, avec artillerie et cavalerie, ont tenté de prendre Dijon; les Garibaldiens ont repoussé cette attaque après douze heures de combat; la bataille s'est étendue de Val-Suzon à Fontaine-lès-Dijon et Taland. Nos troupes ont maintenu leurs positions et en ont repris quelques-unes. — Avons essuyé des pertes sensibles, mais très-inférieures à celles de l'ennemi. La bataille a recommencé aujourd'hui.

Hier, l'ennemi a attaqué, à midi, Bernay et a été repoussé par la Garde nationale.

* *

Bordeaux, le 25 Janvier, 4 heures 05 m. du soir.

Le combat a continué hier sous Dijon. — Le combat a été moins rude que la veille, mais décisif; les fortes positions de Baite, Plombières, lès-Dijon et Hauteville ont été reprises à l'ennemi qui, vers 4 heures, s'est mis en déroute dans tous les sens.

Garibaldi a été accueilli par acclamations enthousiastes d'une foule immense portée à sa rencontre. Le général garibaldien Basana Hauke, légèrement blessé.

PAR BALLON MONTÉ, NOUVELLES DE PARIS.

Jusque jeudi soir, le bombardement serait ralenti. Les victimes étaient 86 morts, 215 blessés. — Le 19, Le Flô nommé Gouverneur de Paris, en l'absence de Trochu se mettant à la tête des corps.

A 10 heures matin, Vinoy occupait Montretout, Bellemare, Buzenval; Ducrot soutenait vif combat vers la Jenchère.

Vers 3 heures, l'ennemi ayant fait converger masse énorme d'artillerie, soutenue par réserve, a fait plier notre gauche.

Le Général en chef s'y est porté, et vers le soir un retour offensif a pu se prononcer; mais, dans la nuit, le feu ennemi continuait avec violence extrême. Nos troupes ont pu se retirer des hauteurs gravies dans la matinée.

Le meilleur esprit n'a cessé d'animer Garde nationale et Troupes, qui ont fait preuve de courage et d'énergie dans cette lutte longue et acharnée.

* *

Bordeaux, le 24 Janvier, 5 heures 30 m. du soir.

Hier, Dijon a été de nouveau très-vivement attaqué par l'ennemi. Après une feinte du côté ouest sur Varois et St-Appolinaire, il a massé le gros de ses forces au Nord, sur la route de Langres, et s'est emparé un instant de la ferme de Pouilly, d'où on l'a délogé en faisant brèche dans le mur et sous une fusillade effrayante.

La brigade Ricciotti s'est hautement distinguée, a presque anéanti le 61e infanterie prussien et lui a pris son drapeau.

L'ennemi a pris la fuite sur Messigny, Norges et Savigny-le-Sec. — Tous les corps engagés ont fait leur devoir. Une grande partie des mobilisés de la Haute-Saône sont arrivés à temps pour prendre part au combat.

Dans l'Ouest, aucun incident notable : l'ennemi parait se replier. Le département de la Mayenne est libre. Alençon est évacué.

Dans l'Est, la ligne de Lyon à Besançon a été coupée par des coureurs ennemis à Byans, près de Quingey.

Pas de nouvelles de Paris.

*
* *

Bordeaux, le 25 Janvier, 6 heures 00 du soir.

Le 23, les habitants de Gèvres (Mayenne) se sont défendus héroïquement contre des forces ennemies supérieures, et leur ont tué du monde. Hier, quelques affaires peu importantes du côté de la Flèche.

Dans l'Est, on mentionne rencontre près Mouchard, sans détails.

*
* *

Bordeaux, le 27 Janvier, 6 heures 30 m. du soir.

NOUVELLES DE PARIS PAR BALLON TORRICELLI
TOMBÉ DANS LE NORD

L'*Officiel* du 21 termine rapport sur bataille du 19, en disant que si n'a pas produit résultats que Paris pouvait attendre, elle est un des évènements les plus considérables du siège, un de ceux qui témoignent le plus hautement de la virilité des défenseurs de la Capitale. — Le Gouvernement a décidé que commandement en chef de l'armée serait séparé de la présidence du Gouvernement : le général Vinoy est nommé commandant en chef de l'armée de Paris ; le titre et les fonctions du Gouverneur sont supprimés ; le général Trochu conserve la présidence du Gouvernement. — Le général Vinoy, dans un ordre du jour, a fait appel au concours de tous les bons citoyens de la garde nationale et de l'armée.

Dans la nuit du 21 au 22, quelques agitateurs ont forcé la prison de Mazas, ont délivré plusieurs prisonniers parmi lesquels Flourens. — Dans l'après-midi du 22, 180 gardes nationaux, appartenant pour la plupart au 101ᵉ de marche, ont attaqué l'Hôtel-de-Ville et ont été dispersés par mobiles et garde républicaine. Il y a eu cinq morts, dix-huit blessés ; quarante émeutiers ont été faits prisonniers. — A quatre heures, le calme était complètement rétabli. Le 23, toute agitation avait disparu.

Depuis le 20, Saint-Denis était bombardé. — La délégation du gouvernement est informée par ses agents à l'étranger que le *Times* publie, sur la foi de ses correspondants, que des négociations auraient été entamées entre Paris et Versailles au sujet du bombardement de Paris, et d'une prétendue reddition éventuelle de la capitale : la délégation du gouvernement n'accorde aucun crédit à ces allégations du correspondant du *Times,* car il est impossible d'admettre que des négociations de cette nature et de cette importance aient été entamées sans que la délégation en ait été avertie au préalable.

Les ballons, arrivés jusqu'à présent, n'ont fait prévoir rien de semblable. — Un ballon est signalé aujourd'hui près de Rochefort sans qu'on sache encore s'il a attéri : aussitôt que de nouvelles dépêches seront parvenues au Gouvernement, il s'empressera de les faire connaître.

* *
*

Bordeaux, le 28 Janvier, 4 heures 00 m. du soir.

Le ballon qui avait passé hier sur Chatellerault a touché terre et continué sa route en vue de Niort et de Rochefort et disparu depuis. On a lieu de craindre qu'il soit allé se perdre dans l'Océan.

Rien d'important des opérations militaires.

Bordeaux, le 29 Janvier, midi 50 minutes.

La délégation du Gouvernement, établie à Bordeaux, qui n'avait jusqu'ici sur les négociations entamées à Versailles que des renseignements fournis par la presse étrangère, a reçu cette nuit le télégramme suivant, qu'elle porte à la connaissance du pays dans sa teneur intégrale :

DÉPÊCHE TÉLÉGRAPHIQUE

Recommandée.

Versailles, le 28 Janvier 1871 à 11 heures 15 soir.

M. Jules Favre, Ministre des affaires étrangères, à la Délégation de Bordeaux.

« Nous signons aujourd'hui un traité avec M. le Cte de Bismark.

« Un armistice de vingt-un jours est convenu.

« Une assemblée est convoquée à Bordeaux, pour le 15 février.

« Faites connaître cette nouvelle à toute la France.

« Faites exécuter l'armistice et convoquez les électeurs pour le 8 février.

« Un membre du Gouvernement va partir pour Bordeaux.

« *Signé* : Jules FAVRE. »

Un décret qui sera ultérieurement publié fera connaître les mesures prises pour assurer l'exécution des dispositions ci-dessus.

Pour copie conforme :

C. LAURIER.

⁎⁎

Bordeaux, le 50 Janvier 1871, 2 heures 40 m. du soir.

Le Ministre de l'Intérieur et de la Guerre a fait passer ce matin à M. Jules Favre, à Versailles, une dépêche pour lui demander de sortir du silence gardé par le Gouvernement de Paris et de faire connaître le nom du Membre du

Gouvernement dont l'arrivée était annoncée, ainsi que les motifs qui peuvent expliquer son retard ; il a réclamé en même temps des détails précis sur la situation générale et sur le sort de Paris.

*_**

Bordeaux, le 30 Janvier, 10 heures 25 m. du soir.

Donnez la plus grande publicité à l'arrêté suivant :
Le Directeur général des télégraphes et des Postes :
Vu la loi du 29 novembre 1870, article 4 ;
Vu les arrêtés antérieurs suspendant la télégraphie privée ;

Arrête :

ARTICLE UNIQUE. — La télégraphie privée est rétablie sur toute l'étendue du territoire de la République pendant la période électorale pour toutes les correspondances intéressant les élections.

Bordeaux, le 30 Janvier 1871.

STÉENACKERS

Le présent décret devra être appliqué de la manière la plus large et la plus libérale.

*_**

Bordeaux, le 31 Janvier 1871, 12 heures 55 m. nuit.

Depuis la dépêche qui vous a été envoyée dans l'après-midi et par laquelle on demandait à Versailles des renseignements prompts et précis sur la nature et l'étendue et la portée des arrangements conclus, aucune nouvelle officielle n'a été reçue ; on ne sait rien de plus que ce matin, toutefois, les avis de l'Etranger portent qu'à Versailles on n'a rien engagé sur le point même de la paix. L'occupation des forts de Paris par les Prussiens semble indiquer que la capitale rendue en tant que place forte, l'armée et la garde mobile devront déposer leurs armes. La garde nationale sédentaire conserve les siennes. La convention qui est intervenue porte exclusivement sur l'armistice, et semble avoir surtout pour objet la formation et la convocation d'une assemblée.

La politique soutenue et pratiquée par le Ministre de l'intérieur et de la guerre est toujours la même. Guerre à outrance, résistance jusqu'à complet épuisement. — Employez donc toute votre énergie à maintenir le moral des populations. Le temps de l'armistice va être mis à profit pour renforcer vos trois armées en hommes, en munitions, en vivres. Les troupes seront astreintes à une discipline sévère à laquelle il faudra donner tous vos soins, de concert avec les chefs militaires. Elles devront être exercées tous les jours pendant de longues heures pour s'aguerrir. Les conseils de révision devront continuer, et tout le travail d'organisation, d'équipement, bien loin d'être interrompu, devra être poursuivi avec une extrême vigilance. Il faut à tout prix que l'armistice nous profite, et nous pouvons faire qu'il en soit ainsi. Enfin, il n'est pas jusqu'aux élections qui ne puissent et doivent être mises à profit. Ce qu'il faut à la France, c'est une Assemblée qui veuille la guerre et soit décidée à tout pour la faire. — Le Membre du Gouvernement qui est attendu arrivera sans doute demain matin. Le Ministre s'est fixé un délai qui expire demain à trois heures. Vous recevrez demain une proclamation aux Citoyens, avec l'ensemble des décrets et des mesures qui, dans sa pensée, doivent parer aux nécessités de la situation actuelle. Donc, patience, fermeté, courage et discipline. —

VIVE LA REPUBLIQUE.

C. LAURIER.

**

Bordeaux, le 31 Janvier 1871, 9 heures 30 m. du matin.

Les exigences de la correspondance télégraphique officielle devenant chaque jour plus impérieuses et fréquentes ; d'autre part, l'administration des télégraphes ne disposant pas d'un personnel, ni de moyens de communication suffisants pour faire face au service écrasant qu'elle a mission d'assurer, je dois vous prier de libeller vos télégrammes toujours clairement, mais aussi brièvement que possible, de vous interdire personnellement toutes correspondances ayant un caractère privé, enfin de refuser rigoureusement votre visa à toutes dépêches qui n'auraient pas pour objet l'armement, l'équipement, le ravitaillement ou, pendant la période électorale, un intérêt électoral.

J'autorise les Inspecteurs du télégraphe à refuser les dépêches qui ne présenteraient pas l'un de ces caractères.

Léon GAMBETTA.

Bordeaux, le 51 Janvier 4871, 8 hcures 50 m. du soir.

DÉLÉGATION GOUVERNEMENT A PRÉFETS ET SOUS-PRÉFETS.

Nous vous envoyons le texte des Décrets relatifs aux élections.

Nous n'avons pas voulu en retarder l'expédition. Ils paraîtront demain au *Moniteur universel*. Cette circonstance explique pourquoi vous n'avez pas encore reçu la proclamation qui doit les accompagner. Dès à présent vous devez les exécuter sans attendre que vous les lisiez au *Moniteur*.

En conséquence, faites afficher immédiatement ces décrets *dans toutes les communes*.

Premier Décret.

Les Membres du Gouvernement de la défense nationale siégeant à Bordeaux, décrètent :

Article 1er· Les assemblées électorales sont convoquées pour nommer les représentants du peuple à l'Assemblé e nationale.

Article 2. Elles se réuniront le Mercredi 8 Février pour procéder aux élections dans les formes de la loi.

Article 3. Un décret rendu aujourd'hui règle les dispositions légales ; il va être immédiatement publié.

Article 4. Les Préfets, Sous-Préfets, sont chargés de l'exécution du présent décret qui sera publié, affiché, exécuté aux termes de l'article 4 de l'ordonnance du 27 novembre 1816 et de l'ordonnance du 18 janvier 1817.

Fait à Bordeaux, le 31 Janvier 1871.

Signé : CRÉMIEUX, GLAIS-BIZOIN, Léon GAMBETTA, L. FOURRICHON.

Deuxième Décret.

Les Membres du Gouvernement de la défense nationale, délégués pour représenter le Gouvernement et en exercer les pouvoirs, considérant qu'il est juste que tous les complices du régime qui a commencé par l'attentat du 2 décembre, pour finir par la capitulation de Sédan en léguant à la France la ruine et l'invasiou, soient frappés momentanément de la même déchéance politique que la dynastie à jamais maudite! dont ils ont été les coupables instruments ; considérant que c'est là une sanction nécessaire de la responsabilité qu'ils ont encourue en aidant et assistant avec connaissance de cause l'ex-empereur dans l'accomplissement des divers actes de son gouvernement qui ont mis la patrie en danger ;

DÉCRÈTENT :

Art. 1ᵉʳ· Ne pourront être élus représentants du peuple à l'Assemblée nationale les individus qui, depuis le 2 décembre 1851 jusqu'au 4 septembre 1870, ont accepté les fonctions de Ministre, Sénateur, Conseiller d'Etat et Préfet.

Article 2. Sont également exclus de l'éligibilité à l'Assemblée nationale les individus qui, aux élections législatives, qui ont eu lieu depuis le 2 décembre 1851 jusqu'au 4 septembre 1870, ont accepté la candidature officielle, et dont les noms figurent dans la liste des candidatures recommandées par les Préfets aux suffrages des électeurs et ont été publiés au *Moniteur officiel* avec les mentions candidat du Gouvernement, candidat de l'administration ou candidat officiel.

Article 3. Sont nuls et de nullité absolue les bulletins de vote portant les noms des individus des catégories ci-dessus désignées. Ces bulletins ne seront pas comptés dans la supputation des voix.

Fait à Bordeaux, le 31 Janvier 1871.

Signé : CRÉMIEUX, L. GAMBETTA, GLAIS-BIZOIN, FOURRICHON.

Troisième Décret.

La délégation de la défense nationale,

Vu le décret à la date de ce jour qui convoque pour le 8 février les citoyens qui doivent procéder à l'élection de l'Assemblée nationale;

Voulant autant qu'il est possible dans des circonstances aussi urgentes pourvoir au moyen d'assurer la vérité, la liberté et le secret du vote universel;

DÉCRÈTE :

Article 1er· Le maire de chaque commune dressera immédiatement une liste générale des habitants de la commune, âgés de 21 ans, citoyens français. Cette liste sera publiée et affichée samedi 4 ou dimanche 5 février au matin.

Article 2. Tous ceux qui seraient omis pourront dans la journée de dimanche et de lundi, jusqu'à dix heures du soir, porter leurs réclamations devant le maire qui réunira sous sa présidence une commission de quatre membres pris parmi les électeurs. Cette commission statuera sur les demandes sans appel ni recours.

Article 3. La liste additionnelle sera affichée le mardi et les citoyens qui auront été inscrits prendront part au vote.

Art. 4. Participeront à l'élection, tous les citoyens français âgés de 21 ans, inscrits sur les listes électorales et additionnelles sauf les exceptions portées à l'article 3 de la loi des 15 et 18 mars 1849.

Article 5. Tous les électeurs voteront au chef-lieu de leurs cantons par scrutin de liste. Néanmoins le Préfet, à cause des circonstances locales, pourra diviser le canton en 2 ou 3 circonscriptions. Dans ce cas le vote pour chacune de ces sections aura lieu dans la commune qu'il aura spécialement désignée.

Article 6. Il n'y aura qu'un seul jour de vote.

Article 7. Le scrutin sera ouvert le mercredi 8 Février depuis 7 heures du matin jusqu'à 6 heures du soir. Il sera procédé selon les prescriptions de la loi des 15 et 18 mars 1849 avec cette seule dérogation que le Préfet pourra désigner pour chaque section où l'élection aura lieu le Président du bureau électoral.

Article 8. Le scrutin sera secret.

Article 9. Le dépouillement du scrutin aura lieu le soir même du mercredi ; il sera commencé à 7 heures et demie. Les tables de dépouillement seront composées de six membres au moins.

Article 10. Les éligibles qui auront obtenu le plus grand nombre de suffrages légaux, quelque soit le nombre des électeurs inscrits ou votants, seront proclamés représentants du peuple à l'Assemblée nationale.

Article 11. Le nombre total des représentants du peuple à l'Assemblée nationale sera de 759, non compris les colonies françaises.

Article 12. Les représentants à nommer sur la base de la population seront répartis entre les départements selon le tableau joint au présent décret qui en fasse partie intégrante.

Article 13. Si dans le tableau, quelques erreurs s'étaient glissées qui privassent un ou plusieurs départements d'un nombre quelconque de représentants, l'Assemblée nationale fixerait le nombre, et le Gouvernement le ferait compléter immédiatement par l'élection. L'erreur en plus ne serait réparable qu'à l'élection d'une nouvelle Assemblée.

Article 14. Sont éligibles tous les citoyens Français qui ont droit à être inscrits sur la liste électorale, pourvu qu'ils aient atteint l'âge de vingt-cinq ans.

Article 15. Sont exclus de l'éligibilité les membres des familles qui ont régné sur la France depuis 1789. Sont nuls, de nullité absolue, les bulletins de vote portant les noms de personnes désignées dans le présent article; ces bulletins ne seront pas comptés dans la supputation des voix.

Article 16. Ne peuvent être élus représentants du peuple les individus compris dans l'une des premières catégories de l'article 79 de la loi du 15, 18 mars 1849 et dans les dispositions de l'article 81 de la même loi.

Article 17. Les incompatibilités, portées dans les articles 82 et suivants de cette loi, sont abolies et ces articles, jusques et y compris l'article 89, sont abrogés.

Article 18. L'article 62 de la même loi est applicable aux armées en campagne, sous les drapeaux. Dans les armées ou dans les camps, les soldats, les mobiles, les mobilisés, les marins ont le droit de voter et l'exercent dans les termes de cet article.

Article 19. Les citoyens qui sont hors de leur département et qui veulent prendre part à l'élection ont le droit de voter dans le canton où ils se trouvent, s'ils sont accompagnés au bureau de deux électeurs qui constatent leur individualité et leur droit. Leur bulletin peut porter les noms des éligibles de leur département, et dans ce cas, le bulletin sera envoyé au Préfet de ce département par le président de la section.

Article 20. Le nombre des députés dans les colonies est fixé comme il suit :

Martinique, 2; — Guadeloupe, 2; — Guyane, 1; — Sénégal, 1; — Réunion, 2; — Total, 8.

Dans ces colonies, l'élection aura lieu le troisième dimanche qui suivra la réception dans chaque colonie du *Moniteur universel* publiant le décret de convocation. (Disposition transitoire.)

Article 21. La Réunion ayant nommé ses deux délégués sous l'empire du décret du 1er octobre et sans avoir connaissance du décret qui la révoque (?), la validité de l'élection et l'admission des deux députés seront soumises à la Chambre.

Article 22. La loi électorale des 15, 18 mars 1849 est d'ailleurs applicable dans toutes celles de ses deux autres dispositions qui ne sont pas contraires au présent décret. Toute disposition législative concernant les élections et postérieure à cette loi est, et demeure abrogée.

Fait à Bordeaux, le 31 Janvier 1871.

Signé : A. Crémieux; — Léon Gambetta ; — Glais-Bizoin; — Fourrichon.

* *

Bordeaux, le 31 Janvier, 11 heures soir.

Citoyens,

L'étranger vient d'infliger à la France la plus cruelle injure qu'il lui ait été donnée d'essuyer dans cette guerre maudite, châtiment des erreurs et des faiblesses d'un grand peuple. Paris, inexpugnable à la force, vaincu par la famine, n'a pu tenir en respect plus longtemps les hordes Allemandes. — Le 28 janvier il a succombé. La cité reste encore intacte, comme un dernier hommage arraché par sa puissance et sa grandeur morale à la barbarie; ses forts seuls ont été rendus à l'ennemi. — Toutefois, Paris en tombant nous laisse le prix de ses sacrifices héroïques. Pendant cinq mois de privations et de souffrances il a donné à la France le temps de trouver des armes et de former des armées jeunes encore, mais vaillantes et résolues, auxquelles il n'a manqué jusqu'à présent que la solidité qu'on n'acquiert qu'à la longue. Grâce à Paris, si nous sommes des patriotes résolus, nous tenons en main tout ce qu'il faut pour le venger et nous affranchir.

Mais, comme si la mauvaise fortune tenait à nous accabler, quelque chose de plus sinistre, de plus douloureux que la chute de Paris, nous attendait. On a signé à notre insu, sans nous avertir, sans nous consulter, un armistice, dont nous n'avons connu que tardivement la coupable légèreté, qui livre aux troupes prussiennes les départements occupés par nos soldats, qui nous impose l'obligation de rester trois semaines aux repos, pour réunir, — dans les tristes circonstances où se trouve le pays, — une assemblée nationale. Nous avons demandé des explications à Paris et je garde silence, attendant pour vous parler, l'arrivée promise d'un Membre du Gouvernement.

Nous avons voulu obéir, pour donner un gage de modération et de bonne foi, pour remplir ce devoir qui commande de ne quitter le poste qu'après en avoir été relevé ; enfin, pour prouver à tous, amis et dissidents, par l'exemple, que la démocratie n'est pas seulement le plus grand des partis, mais le plus scrupuleux des Gouvernements.

Cependant, personne ne vient de Paris et il faut agir ; il faut, coûte que coûte, déjouer les perfides combinaisons des ennemis de la France.

La Prusse compte sur l'armistice pour amollir, énerver, dissoudre nos armées ; la Prusse espère qu'une assemblée réunie à la suite de revers successifs et sous l'effroyable chute de Paris, sera nécessairement tremblante et prompte à subir une paix honteuse. Il dépend de nous que ses calculs avortent, et que les instruments même qui ont été préparés pour tuer l'esprit de résistance, le raniment, l'exaltent. De l'armistice faisons une école d'instruction pour nos jeunes troupes ; avec plus d'ardeur que jamais, activons l'organisation de la défense et de la guerre. A la place de la Chambre réactionnaire et lâche que rêve l'étranger, installons une assemblée vraiment nationale, républicaine, voulant la paix, — si la paix assure l'honneur, le rang, l'intégrité de notre pays, — mais capable de vouloir aussi la guerre et prête à tout, plutôt que d'aider à l'assassinat de la France.

Français ! songeons à nos pères qui nous ont légué une

France compacte et indivisible, ne trahissez pas notre histoire; n'aliénons pas notre domaine traditionnel aux mains des barbares.

Qui donc signerait! Ce n'est pas vous, légitimistes qui vous vous battez si vaillamment sous les drapeaux de la République pour défendre le sol du vieux royaume de France. Ni vous, fils des bourgeois de 1789, dont l'œuvre maitresse a été de sceller les vieilles provinces dans un pacte d'indissoluble union. Ce n'est pas vous, travailleurs des villes, dont l'intelligent et généreux patriotisme s'est toujours représenté la France dans sa force et dans son unité, l'initiatrice des peuples aux libertés modernes. Vous enfin, ouvriers, propriétaires des campagnes qui n'avez jamais marchandé votre sang pour la défense de la révolution à laquelle vous devez la propriété du sol et votre dignité de citoyens. Non, il ne se trouvera pas un Français pour signer ce pacte infâme.

L'étranger sera déçu, il faudra qu'il renonce à mutiler la France. Car tous, animés du même amour pour la mère-patrie, impassibles dans les revers, nous redeviendrons forts et nous chasserons l'étranger.

Pour atteindre ce but sage, il faut y dévouer nos cœurs, nos volontés, notre vie, et, sacrifice plus difficile peut-être, laisser là nos préférences. Il faut nous serrer tous autour de la République, faire preuve de sangfroid et de fermeté d'âme. N'ayons ni passion ni faiblesse, jurons simplement comme des hommes libres de défendre envers et contre tous la France et la République. — Aux armes! aux urnes! Vive la France, vive la République une et indivisible!

L. GAMBETTA.

⁎

CITOYENS,

Je reçois le télégramme suivant :

Versailles, 6 heures 40 m. du soir.

« M. Léon GAMBETTA, Bordeaux,

« Au nom de la liberté des élections stipulées par la convention d'armistice, je proteste contre les dispositions émanées en votre nom *(sic)*, pour priver du droit d'être élues, à l'Assemblée, des catégories nombreuses de citoyens français, des élections faites sous un régime d'oppression arbitraire ne pouvant pas conférer les droits que la convention d'armistice reconnaît aux députés librement élus.

« *Signé* : BISMARK. »

CITOYENS,

Nous disions il y a quelques jours que la Prusse comptait pour satisfaire son ambition sur une Assemblée où, grâce à la brièveté des délais et aux difficultés matérielles de toute sorte, auraient pu entrer les complices et les complaisances de la Dynastie déchue, les alliés de Monsieur de Bismark.

Le décret d'exclusion rendu le 31 janvier déjoue ces espérances. — L'insolente prétention qu'affiche le Ministre Prussien d'intervenir dans la constitution d'une Assemblée française est la justification la plus éclatante des mesures prises par le Gouvernement de la République. L'enseignement ne sera pas perdu pour tous ceux qui ont le sentiment de l'honneur national.

Le Ministre de l'Intérieur et de la Guerre,

Signé : Léon GAMBETTA.

*
* *

Bordeaux, le 4 Février 1871, 5 heures 50 m. du soir.

M. Jules SIMON, Membre du Gouvernement de Paris, a apporté à Bordeaux l'annonce d'un décret électoral qui serait en désaccord sur un point avec le décret rendu par le Gouvernement siégeant à Bordeaux. Le Gouvernement de Paris est investi depuis quatre mois, coupé de toute communication avec l'esprit public; de plus, il est à l'état de prisonnier de guerre : rien ne dit que mieux informé il ne fut pas tombé d'accord avec le Gouvernement de Bordeaux; rien ne dit non plus, qu'en dehors de la mission de faire procéder aux élections donnée en termes généraux à M. Jules Simon, il ait entendu régler d'une façon absolue et définitive le cas particulier des incompatibilités.

Dans ces circonstances, le Gouvernement de Bordeaux croit devoir maintenir son décret. Il le maintient, malgré les remontrances et l'ingérence de M. de Bismark dans les affaires intérieures du pays ; il le maintient au nom de l'honneur et des intérêts de la France.

Un Membre du Gouvernement de Bordeaux part aujourd'hui même pour porter à la connaissance du Gouvernement de Paris le véritable état des choses.

Fait à Bordeaux, le 4 Février 1871.

Signé : Ad. CRÉMIEUX. — L. GAMBETTA. — GLAIS-BIZOIN. — FOURRICHON.

Léon GAMBETTA.

⁎

Bordeaux, le 6 Février 1871, 3 heures du soir.

Malgré les objections graves et les résistances légitimes que soulevait l'exécution de la Convention de Versailles, je m'étais résigné, pour donner, comme je le disais, un gage incontestable de modération et de bonne foi, et pour ne pas quitter le poste sans en avoir été relevé, à faire procéder aux élections. — Vous connaissez, Monsieur le Préfet, par les divers documents qui vous ont été transmis, quels devaient être le caractère et la nature de ces élections. Je persisteà croire qu'il en peut sortir, malgré les difficultés matérielles de toutes sortes dont nous accable l'ennemi, une Assemblée fière et résolue. — Le décret qui, selon moi, satisfait à la fois à un besoin de justice à l'égard des coopérateurs responsables du régime impérial et à un sentiment de prudence vis-à-vis des intrigues étrangères, a excité une injurieuse protestation de M. de Bismark. — Depuis lors, à la date du 3 février 1871, les Membres du Gouvernement de Paris, ont, par une mesure législative, rapporté notre décret ; ils ont de plus envoyé à Bordeaux MM. Garnier-Pagès, Eugène Pelletan, Emmanuel Arago, co-signataires du décret d'abrogation, avec mandat de le faire appliquer. — Le Gouvernement de Paris avait d'ailleurs passé directement des dépêches à plusieurs Préfets de différents départements pour l'exécution du décret du 4 février.

Il y a là tout à la fois un désaveu et une révocation du Ministre de l'Intérieur et de la Guerre. La divergence des opinions sur le fond des choses. au point de vue extérieur et intérieur se manifeste ainsi de manière à ne laisser aucun doute. — Ma conscience me fait un devoir de résigner mes fonctions de Membre d'un Gouvernement avec lequel je ne suis plus en communion d'idées ni d'espérances.

J'ai l'honneur de vous informer que j'ai remis ma démission aujourd'hui même. — En vous remerciant du concours patriotique et dévoué que j'ai trouvé en vous pour mener à bonne fin l'œuvre que j'avais entreprise, je vous prie de me laisser vous dire que mon opinion profondément réfléchie et qu'à raison de la brièveté des délais et des graves intérêts qui sont en jeu, vous rendrez un suprême service à la République en faisant procéder aux élections du 8 février et vous réservant après ce délai de prendre telles déterminations qui vous conviendront.

Je vous prie d'agréer l'expression de mes sentiments fraternels,

Léon GAMBETTA.

* * *

Bordeaux, le 6 Février 1871, 3 heures 50 m. du soir.

J'ai reçu de la main de MM. Emmanuel Arago, Garnier-Pagès et Eugène Pelletan, Membres du Gouvernement de la défense nationale qui arrivent à l'instant de Paris, et je m'empresse de vous faire connaître par voie télégraphique le décret suivant avec ordre de le faire publier et afficher immédiatement dans toutes les communes de France.

LE GOUVERNEMENT DE LA DÉFENSE NATIONALE,

Un décret en date du 31 janvier 1871 émane de la délégation du Gouvernement de Bordeaux, par lequel sont frappés d'inéligibilité diverses catégories de citoyens éligibles aux termes des décrets du Gouvernement du 31 janvier 1871 ;

Considérant que les restrictions imposées au choix des électeurs par le susdit décret sont incompatibles avec le principe de la liberté du suffrage universel,

DÉCRÈTE :

Le décret sus-visé rendu par la délégation du Gouvernement à Bordeaux est annulé.

Les décrets du 29 janvier 1871 sont maintenus dans leur intégrité.

Fait à Paris, le 4 Février 1871.

> GARNIER-PAGÈS, — Jules FAVRE, — Général TROCHU, — Ernest PICARD, — Emmanuel ARAGO, — Jules FERRY, — Eugène PELLETAN.

Fait à Bordeaux, le 6 Février 1871.

Le Membre du Gouvernement,

Jules SIMON.

Le Secrétaire du Gouvernement,

LAVERTUJON.

*
* *

Bordeaux, le 17 Février 1871, 2 heures du soir.

Le bureau de la Chambre a été constitué ainsi :

M. Grévy, *Président*, 519 voix sur 536 ; — MM. Martel, 426 voix ; — Benoist Dazy, 391 voix ; — Vitet, 319 voix ; — Léon de Malleville, 295 voix, *Vice-Présidents*.

MM. Baze, 458 voix ; — Général Martin-des-Pallières, 436 voix ; — Princeteau, 222 voix, *Questeurs*.

MM. Bethmont, 449 voix ; — de Rémusat, 412 voix ; — de Barante, 330 voix ; — Johnston, 259 voix, *Secrétaires*.

La proposition suivante a été déposée sur le bureau de la Chambre :

Les Représentants du peuple soussignés proposent à l'Assemblée nationale la résolution suivante.

M. Thiers est nommé chef du pouvoir exécutif de la République française. Il exercera ses fonctions sous le contrôle de l'Assemblée nationale et avec le concours des Ministres qu'il aura choisis et qu'il présidera.

> *Signé* : DUFAURE, — GRÉVY, — VINET, — DE MALLEVILLE, — RIVET, — MATHIEU, — DE LA REDORTE, — BARTHÉLÉMY-ST-HILAIRE.

Cette proposition sera discutée demain en séance publique.

Bordeaux, le 18 Février 1871, 2 heures 30 m. du matin.

Le Président Grévy promet de consacrer tout ce qu'il a de force, d'impartialité et de dévouement.

A la suite, admission des dix derniers représentants de Paris, des trois derniers représentants de Loir-et-Cher.

Nomination de M. Princeteau, troisième questeur, et de MM. Castellane et de Meaux, cinquième et sixième secrétaires.

M. Keller dépose une proposition dans laquelle les représentants d'Alsace et de Loraine protestent d'avance contre toute décision qui les séparerait de la patrie commune. La paix, dit-il, nous la voulons comme vous ; mais la véritable paix est fondée sur la justice, et ce serait ici la plus cruelle des iniquités. Il demande l'urgence pour sa proposition ; elle est votée.

M. Thiers dit que des hommes sérieux doivent savoir s'ils entendent donner à leurs négociateurs, quels qu'ils soient, un mandat impératif ; s'ils peuvent leur laisser la liberté de négocier : il faut prendre son parti immédiatement et ne pas se cacher derrière un délai de vingt-quatre heures.

La Chambre se retire en ses bureaux.

Rapport de M. Beulé proposant la résolution suivante :

L'Assemblée nationale accueillant avec la plus vive sympathie la déclaration de M. Keller et de ses collègues, s'en remet à la sagesse et au patriotisme des négociateurs. — Cette proposition accueillie à une très-grande majorité.

Rapport de M. Victor Lefranc sur la proposition relative à la Constitution du pouvoir exécutif, conclut ainsi :

L'Assemblée nationale, dépositaire de l'autorité souveraine :

Considérant qu'il importe, en attendant qu'il soit statué sur les institutions de la France de pourvoir immédiatement aux nécessités du Gouvernement et à la conduite des négociations ;

DÉCRÈTE :

M. Thiers est nommé chef du pouvoir exécutif de la République française, sous l'autorité de l'Assemblée nationale, avec le concours des Ministres qu'il aura choisis et qu'il présidera.

M. Louis Blanc proteste contre les dispositions d'esprit que semblerait indiquer rapport d'après lequel République n'est admissible qu'à titre provisoire : selon lui, République est forme nécessaire de souveraineté nationale.

La proposition de commission admise à presqu'unanimité.

Demain, continuation de vérification de pouvoirs; communications du Gouvernement, s'il y a lieu.

*
* *

Bordeaux, le 18 Février 1871, 9 heures du soir.

Incident sur le procès-verbal relatif au vote de la Constitution du pouvoir exécutif.

Floquet fait observer que plusieurs membres se sont abstenus de prendre part au vote.

Claude, député de la Meurthe, arrivé ce matin, n'a pu joindre son nom à ceux des signataires de la résolution Keller, il s'y associe.

Baze dépose pétitions signées par cours Agen, Angers et tribunal Laval, déférant à Assemblée décret Bordeaux magistrats.

Lecture de lettre du chef pouvoir exécutif de la République française, annonçant composition du ministère pour demain et signée : *Le Président chef du Pouvoir exécutif, etc.*

Un membre fait observer qu'Assemblée a nommé un chef Pouvoir exécutif et non un Président.

Président répond : Titre conféré à M. Thiers, chef du Pouvoir exécutif République française, Président du Conseil.

Continuation de la vérification des pouvoirs.

Admission de Buffet, Aubry, J. Ferry, représentants des Vosges. Admission des autres représentants du département ajournée faute de renseignements suffisants.

Admission de Arfeuillère, député Corrèze.

Rochefort signale comme offense à dignité d'Assemblée et de Gardes nationales Bordeaux déploiement exagéré de troupes autour d'Assemblée. — Il ne pense pas que ce soit pour réprimer un complot monarchique. — Réponse par Benoit Dazy, Félix Voisin ;| réplique de H. Brisson et Langlois ; — Echange d'interruptions.

Bordeaux, le 19 Février 1871, 6 heures 45 m. du soir.

Je vous confirme qu'armistice prolongé au 24 midi, sauf renouvellement ultérieur, mêmes conditions que précédentes; en ce qui touche Belfort, place rendue, mais a obtenu tous les honneurs de la guerre.

**

Bordeaux, le 19 Février 1871, 7 heures 30 m. du soir.

Dans la séance d'aujourd'hui la lecture a été faite d'une lettre du général Faidherbe déclarant donner sa démission de député.

Dépôt de deux pétitions d'Alsaciens et de Lorrains, de Bordeaux et de Paris, qui protestent tout démembrement de la France.

M. Germain dépose proposition tendant à ouverture au Ministre des Finances d'un crédit de 100 millions pour couvrir frais de la guerre.

M. Thiers, chef du pouvoir exécutif, prononce un discours. — Il remercie l'Assemblée du grand témoignage de confiance qu'elle lui a donné. — Il déclare qu'il met son dévouement au service du pays qui doit être d'autant plus obéi, servi et aimé qu'il est plus malheureux. — Il fait connaître la composition du cabinet dont il se réserve la direction :

> MM. DUFAURE, Justice ; — Jules FAVRE, Affaires étrangères ; — Ernest PICARD, Intérieur ; — Jules SIMON, Instruction publique ; — De LANCY, Travaux publics ; — LAMBRECHT, Commerce ; — Général LE FLÔ, Guerre ; — Amiral POTHUAU, Marine ; — Le Ministre des Finances est réservé à un représentant non encore arrivé à Bordeaux.

M. Thiers ajoute qu'actuellement il n'y a qu'une seule politique possible, faire cesser au plus tôt l'occupation étrangère au moyen d'une paix courageusement débattue et qui ne sera acceptée que si elle est honorable. Ensuite le pays dira comment il veut vivre. Jusque-là il faut chercher à obtenir par la concorde et la sagesse l'estime et le concours de l'Europe.

M. Barthélémy-St-Hilaire émet proposition tendant à ce que l'Assemblée forme huit commissions chargées de l'éclairer sur l'état des forces militaires, de la marine, des finances, des chemins de fer, des routes, des communications postales et télégraphiques, sur l'état des départements envahis, du commerce général de la France, de l'administration intérieure. — Urgence est déclarée.

L'élection de M. Dubreuil de Saint-Germain, dans la Haute-Loire, a été validée.

M. Jules Favre, Ministre des Affaires étrangères, dépose une proposition tendant à nomination par Assemblée d'une Commission de quinze Membres, laquelle assistera aux négociations qui vont s'ouvrir, donnera son avis et fera son rapport à l'Assemblée.

Urgence est déclarée et l'Assemblée statue immédiatement; — les Commissaires sont :

Benoist DAZY, TESSERN, DEBORD, DE MÉRODE, DESSELIGNY, Victor LEFRANC, LAURENCEAU, LESPERUT, ST-MARC-GIRARDIN, BARTHÉLÉMY-SAINT-HILAIRE, Général D'AURELLES, LA RONCIÈRE LE NOURY, POUYER-QUERTIER, VIENNET-RATTIER (?) et Amiral SAISSET.

M. Thiers a invité l'Assemblée à suspendre ses séances pendant négociations, afin qu'elles ne soient pas entravées par des propositions qui pourraient avoir une influence fâcheuse.

E. PICARD.

⁎⁎⁎

Bordeaux, le 25 Février 1871, 12 heures 15 m. matin.

Armistice prolongé va jusqu'au 26 minuit.

⁎⁎⁎

Bordeaux, le 25 Février 1871, 10 heures 05 m. du soir.

Le Gouvernement a reçu l'avis que les négociations avec la Prusse se poursuivent activement, mais jusqu'à ce moment aucun renseignement ne lui a été transmis sur le caractère de ces négociations. Dès qu'il recevra une dépêche de nature à intéresser la population il s'empressera de la lui faire connaître. Le public doit donc se tenir en garde contre les bruits contradictoires qui circulent de toutes parts et qui sont absolument dénués de fondement.

Le Ministre de l'Intérieur, par intérim,

J. SIMON.

⁂

Bordeaux, le 26 Février 1871, 5 heures 50 m. du soir.

M. Jules Favre me communique la dépêche ci-après que je vous adresse à titre de renseignements.

Versailles, 26 Février.

Nous sommes d'accord sur les préliminaires de paix. — Télégraphiez de suite à tous les chefs de corps et commandants supérieurs des divisions pour qu'ils aient à s'abstenir de toutes reprises d'hostilités. — Ordre semblable est exécuté sur toute la ligne par l'autorité allemande.

Jules FAVRE. — SIMON.

⁂

Bordeaux, le 1er Mars 1871, 8 heures 45 m. du soir.

L'Assemblée nationale a ratifié les préliminaires de paix

Il y avait 653 votants. — Le vote s'est ainsi réparti :

POUR, 546. — CONTRE, 107.

Au début de la séance, un député ayant essayé de défendre les auteurs de la guerre, une grande émotion s'est emparée de l'Assemblée. L'incident a été clos par un ordre du jour déclarant que la déchéance de l'Empire a été consacrée par le suffrage universel. Tous les députés ont approuvé cet ordre du jour par leurs acclamations ; cinq seulement se sont levés à la contre épreuve.

Le reste de la séance a été solennel et calme. Des discours importants ont été prononcés de part et d'autre sans récriminations ni violences ; la douleur était générale et la même pour ceux qui se résignaient et ceux qui votaient.

La France subit une grande douleur ; elle doit sans perdre un instant s'efforcer de panser ses plaies, elle y parviendra par l'ordre, la bonne administration, la concorde entre tous les citoyens. C'est surtout quand la Patrie est malheureuse que nous sentons combien elle nous est chère.

J. Simon.

***

Bordeaux, le 2 Mars 1871, 3 heures 00 m. du soir.

Jules SIMON aux Préfets.

A la séance du 1er Mars un député ayant essayé de défendre le Gouvernement impérial a provoqué une vive agitation dans la salle. Un grand nombre de Membres ont proposé et l'Assemblée a adopté avec acclamations l'ordre du jour dont la teneur suit :

L'Assemblée nationale clos l'incident et dans les circonstances douloureuses que traverse la Patrie et en face de protestations et de réserves inattendues confirme la déchéance de *Napoléon III* et de sa dynastie, déjà prononcée par le suffrage universel, et le déclare responsable de la ruine, de l'invasion et du démembrement de la France.

Six députés seulement se sont levés à la contre épreuve.

J. Simon.

Ici se termine la série des dépêches publiées depuis l'affaire de Saarbruck jusqu'à la ratification du traité de paix par l'Assemblée nationale. — Le chef du Pouvoir exécutif voulant tenir la nation au courant des évènements qui se sont produits dans notre pays après la guerre a continué, comme le Gouvernement de Tours et celui de Bordeaux, à envoyer dans toute la France une nouvelle série de dépêches qui ne seront pas moins dignes d'être conservées que celles dont nous venons de former un recueil ; aussi pour mener à bonne fin le guide indispensable destiné à permettre de relier entre eux ces évènements, si nous recevons un nombre suffisant de souscriptions, nous mettrons sous presse une seconde brochure qui contiendra toutes les dépêches officielles publiées depuis le 2 mars.

On peut donc souscrire, pour ce nouveau volume, à notre librairie, rue d'Aiguillon, 8, à Morlaix.

1871. — Morlaix, typ. J. Haslé. — 196

www.ingramcontent.com/pod-product-compliance
Lightning Source LLC
Chambersburg PA
CBHW051722090426
42738CB00010B/2031